INGLÉS
INSTANTÁNEO

INGLÉS INSTANTÁNEO

TOM MEANS, PH.D.

HIPPOCRENE BOOKS, INC.
NEW YORK

Text and audio copyright © 2018 Tom Means

For information, address:
HIPPOCRENE BOOKS, INC.
171 Madison Avenue
New York, NY 10016
www.hippocrenebooks.com

Cataloging-in-publication data available from the Library of Congress.

ISBN 13: 978-0-7818-1375-4

ÍNDICE

	Sufijo en español	**Sufijo en inglés**	**Páginas**
Capítulo 1	-al	-al	1
Capítulo 2	-ancia	-ance	15
Capítulo 3	-ante	-ant	19
Capítulo 4	-ar	-ar	25
Capítulo 5	-ario	-ary	31
Capítulo 6	-ble	-ble	37
Capítulo 7	-ción	-tion	49
Capítulo 8	-cto	-ct	69
Capítulo 9	-dad	-ty	75
Capítulo 10	-encia	-ence	87
Capítulo 11	*-ente	-ent	95
Capítulo 12	-gia	-gy	103
Capítulo 13	-ico	-ic	109
Capítulo 14	-ido	-id	123
Capítulo 15	-ismo	-ism	127
Capítulo 16	-ista	-ist	135
Capítulo 17	-ivo	-ive	143
Capítulo 18	-mento	-ment	153
Capítulo 19	-or	-or	159
Capítulo 20	-orio	-ory	169
Capítulo 21	-oso	-ous	173
Capítulo 22	-sión	-sion	179
Capítulo 23	-sis	-sis	187
Respuestas			193

*Excepto los adverbios que terminan en -mente

Archivos de audio disponibles para descargar en:
www.hippocrenebooks.com/ingles-instantaneo-instant-english.html

AGRADECIMIENTOS

Quiero expresar mi especial gratitud a Juan Pablo Lombana y a Madelca Domínguez, cuyas investigaciones y experiencia con textos bilingües contribuyeron a la realización de este libro. También deseo agradecer a Gabrielle Antao, Traci Attardi Shaw, Alexson Rodriguez y Merilee Buckley, cuyas sugerencias e ideas aparecen en este libro.

Le agradezco a Angelina Bender su asistencia técnica en toda esta serie. Y finalmente, le doy las gracias a todos los profesores de lenguas extranjeras que ya anteriormente habían estudiado y sistematizado claramente muchos de estos patrones, especialmente a Margarita Madrigal y Michel Thomas.

INGLÉS INSTANTÁNEO

CÓMO APRENDEMOS IDIOMAS

Aprender idiomas es un proceso simple y complejo a la vez. Es simple porque, en esencia, solo necesitamos escuchar y ver el idioma para aprenderlo. Si escuchamos y vemos un idioma con suficiente frecuencia y en contextos que son importantes para nosotros, terminaremos hablando y escribiendo en ese idioma.

Es complejo porque la mente humana necesita ver y escuchar el idioma durante cientos y cientos de horas para comenzar a encontrarles sentido a la estructura y a las reglas. Si tú puedes ver/leer/escuchar suficientes veces un nuevo idioma, podrás aprenderlo. Pero las maneras en que entres en contacto con el nuevo idioma deben ser significativas para ti porque solo así serán memorables e incidirán en tu aprendizaje.

De manera que es un proceso complejo, pero no imposible. Sólo debes encontrar gente que hable el nuevo idioma, o libros, videos, juegos, música u otros recursos en el nuevo idioma, y ver/jugar/leer/escuchar estos recursos a diario. Si las fuentes que utilizas son memorables y significativas para ti e interactúas con ellas durante mucho tiempo, después de cientos de horas de actividad con el nuevo idioma tu mente le dirá a tu boca lo que debes hacer y —¡abracadabra!— hablarás este nuevo idioma el resto de tu vida.

Solo hay cuatro maneras de entrar en contacto con un nuevo idioma, así que no debes preocuparte sobre cómo comenzar o qué ruta tomar para lograr tu objetivo. Las cuatro modalidades de aprendizaje de un idioma son LEER, HABLAR, ESCUCHAR Y ESCRIBIR. Este libro y programa de audio te proporcionan práctica en estas cuatro modalidades.

Para aprender un idioma, los primeros pasos y las modalidades más efectivas son ESCUCHAR y LEER. Estas dos modalidades les permiten a los estudiantes recolectar información (el objetivo de las otras dos modalidades, hablar y escribir, es producir el idioma tan pronto tienes algo de "gasolina" en el tanque). Yo recomiendo mucho ver televisión o películas en el nuevo idioma. Pero hay algo muy importante: no entenderás todo lo que escuches (¡a veces, te parecerá que no entiendes nada!), pero tu mente le encontrará sentido a toda esta valiosa información, y eventualmente la comprenderás y la producirás. Trata de encontrar un programa de televisión y docenas de películas en el nuevo idioma que te resulten interesantes. Míralas con regularidad, aunque solo sea durante treinta minutos cada día. Y lo más importante, ¡sigue viendo y escuchando aunque no entiendas lo que estén diciendo! Tu mente le encontrará sentido a todo, pero necesita el "alimento" de cientos de horas de contacto para hacerlo. Ofrécele el nuevo idioma a tu mente todos los días.

Este libro/programa de audio en internet proporciona maneras fáciles de escuchar y leer: lee en voz alta las palabras de cada capítulo y escucha los ejemplos y las historias de cada capítulo. Todos aprendimos nuestro primer idioma escuchando y leyendo y esa es la razón por la que insisto en esas modalidades. Los bebés no hablan o escriben en su idioma sino hasta que lo han esuchado y lo han visto durante varios años. Esto es muy parecido a lo que tu mente necesita para aprender un nuevo idioma. Hay algunas diferencias entre la manera en que un bebé aprende su idioma y la manera en que los niños y los adultos aprenden un segudo o tercer idioma, pero los requisitos fundamentales de escuchar y ver el idioma constantemente no cambian en ambos casos.

Las otras modalidades también son importantes. Debes practicar HABLAR y ESCRIBIR en el nuevo idioma para desarrollar niveles avanzados de comunicación. Este libro/programa de audio en internet te proporciona oportunidades para escribir y hablar, sobre todo en los cuatro ejercicios que se encuentran al final de cada capítulo. Se te pedirá que encuentres parejas de palabras y que escribas oraciones sencillas sobre las historias. Para hablar, deberás imitar a la persona nativa a medida que ella o él pronuncian las palabras y las expresiones de cada capítulo (todas están **en negrillas**), y también puedes leer en voz alta las historias para practicar su pronunciación.

Por último, quiero recalcar la importancia de tener paciencia. Tu mente puede aprender cualquier idioma y lo hará gradualmente. Solo necesitas hacer cuatro cosas, que enumero enseguida:

- **Escuchar/ver el idioma** en materiales que te resulten interesantes. Sigue viendo aunque no lo entiendas todo. Después de cientos de horas de hacer esto, tu mente recompensará tu esfuerzo con entendimiento.

- **Leer el idioma** en materiales que te resulten interesantes. Esto puede ser cualquier cosa que esté escrita en el idioma: letras de canciones, historietas, libros ilustrados, revistas, sitios de internet, juegos de palabras, etcétera. Sigue leyendo porque, eventualmente, esto también ayudará a tus oídos a entender mejor.

- **Hablar el idioma**, pero asegurándote de decir cosas que son importantes para ti. Habla con otra persona sobre tu vida, tu familia, tus anhelos y tus dificultades. Cuando hablas con otras personas, ellas te responderán de manera natural y entonces también practicarás escuchar. Si no puedes encontrar a alguien con quién conversar ya mismo, imita la manera en que la gente habla. Cuando estés en casa, puedes imitar gente que veas en videos o hablando en internet.

- **Escribir en el idioma**, pero asegurándote de escribir sobre cosas que son auténticas. Por ejemplo, intenta escribir una descripción de tu rutina diaria o de tu familia, tu residencia o algo similar. Si puedes, encuentra a alguien que te proporcione algo de instrucción. No tiene que ser instrucción formal, pero necesitarás algo de guía.

Para más información sobre estas ayudas, por favor mira algunos de mis videos en mi canal de YouTube, *Professor JT Means*. Si tienes disciplina, paciencia e interés en el nuevo idioma (y sigues estos pasos), tu progreso será inevitable.

INGLÉS INSTANTÁNEO

INTRODUCCIÓN

El **Inglés Instantáneo** puede ayudarte a ampliar tu vocabulario en inglés con miles de nuevas palabras. Ha sido diseñado como un libro de ayuda para estudiantes de inglés de todos los niveles. Este libro ayudará al estudiante a aprender a comunicarse eficazmente ampliando su vocabulario en inglés con miles de nuevas palabras.

Hay miles de palabras en español que se relacionan con sus equivalentes ingleses por los patrones que siguen sus terminaciones. En esta guía se ejemplifican esos patrones y se explica cuán sencillo es usarlos para ampliar el vocabulario. La razón básica de esta relación es que la mayoría de las palabras del español y una gran cantidad de palabras del inglés provienen del latín. Es por eso que los dos idiomas tienen una gran cantidad de raíces de palabras comunes, lo cual facilita muchísimo al estudiante la tarea de ampliar su vocabulario.

Ampliar el vocabulario es una de las claves para aprender un idioma. Este libro presenta los patrones de vocabulario que se dan entre el inglés y el español de una manera tan sistemática que hará muy fácil y entretenida la tarea de ampliar el vocabulario. Considero que no hay otro libro semejante en el mercado.

El Inglés Instantáneo es muy fácil de utilizar. Los 23 patrones que se presentan en este libro están basados en terminaciones de palabras (sufijos) y los capítulos aparecen por orden alfabético. Por ejemplo, el primer capítulo presenta palabras en español que terminan en "–al" (capital, normal, etc.). Muchas de esas palabras también terminan en "–al" en inglés (*capital, normal*, etc.).

El segundo capítulo presenta palabras en español que terminan en "–ancia" (distancia, importancia, etc.). Muchas de esas palabras tienen equivalentes en inglés que terminan en "–ance" (*distance, importance*, etc.). En la mayoría de los casos, sólo es necesario hacer un pequeño cambio en la terminación de la palabra en español para obtener la palabra correcta en inglés. Generalmente a estas palabras se las llama cognados: palabras que se relacionan por tener un origen común.

EL PROGRAMA DE AUDIO EN INTERNET:

Este libro tiene un programa de audio en internet. Para cada capítulo, el audio tiene grabadas muchas palabras que muestran la pronunciación correcta de las palabras que siguen un patrón dado. Todas las palabras que aparecen **en letra negrilla** en el libro están incluidas en la grabación. Después de cada palabra en inglés se hace una pausa, pues es importante que el lector pronuncie la palabra imitando la manera en que la dice el hablante nativo de la grabación.

Cada capítulo contiene también expresiones comunes que están incluidas en el programa de audio en internet. En la grabación, después de cada expresión se hace una pausa para que el estudiante imite la pronunciación del hablante nativo. Todas las expresiones que aparecen **en letra negrilla** en el libro están incluidas en la grabación.

En la sección de ejercicios de cada capítulo hay relatos para leer/escuchar con preguntas. Esos relatos aparecen **en letra negrilla** en el libro y también están incluidos en la grabación. En el audio en internet, los relatos son leídos por hablantes nativos a una velocidad normal. No se espera que los estudiantes entiendan cada palabra del relato, pero es importante que escuchen las nuevas palabras de vocabulario usadas en un contexto auténtico por parte de un hablante nativo.

EJERCICIOS:
Al final de cada capítulo hay ejercicios para el estudiante. El primero es un ejercicio de asociación que refuerza las palabras nuevas aprendidas en el capítulo. El segundo ejercicio consiste en un relato seguido por preguntas. Cada capítulo contiene un relato breve sobre John y Debbie, dos jóvenes estadounidenses que están de viaje por los Estados Unidos.

RESPUESTAS:
Las respuestas de los ejercicios aparecen en la sección Respuestas.

"FALSOS COGNADOS":
Diferencias en ortografía y significado.

"Falsos cognados": A veces una palabra en español y otra en inglés se escriben y se pronuncian de manera similar, pero tienen significados diferentes. Cuando ese sea el caso, se ofrecerá una definición más exacta además de la traducción. Un ejemplo de falso cognado es la palabra "pariente" en español.

ESPAÑOL. . . . . INGLÉS

pariente . . . . parent (significa "padre/madre",
no "familiar")

En algunos casos muy raros, las palabras tienen significados tan distintos en inglés y en español que no se incluyen juntas en este libro. Por ejemplo, la palabra "jornal" en español no tiene ningún significado en común con la palabra "*journal*" en inglés.

Diferencias ortográficas: La ortografía de la palabra en inglés puede tener diferencias con la ortografía de la palabra en español que van más allá de la terminación. Si se desea escribir correctamente la palabra, uno se debe fijar bien en la columna del inglés. Por ejemplo:

ESPAÑOL. . . . . INGLÉS

diccionario. . . . . dictionary

OBRAS CONSULTADOS

Larousse Diccionario Español-Ingles, Ingles-Español. Primera Edicion. México D.F., México: Larousse, 1999.

Merriam-Webster's Collegiate Dictionary, Tenth Edition. Springfield, MA: Merriam-Webster, 2000.

Vox, Diccionario General de la Lengua Española (CD-ROM). Barcelona, Spain: Bibliograf, 1997.

Devney, Dorothy M. Guide to Spanish Suffixes. Chicago: Passport Books, 1992.

Knorre, Marty; Dorwick, Thalia; Perez-Girones, Ana Maria; Glass, William R.; Villareal, Hildebrando. Puntos de Partida, Fifth Edition. Boston: McGraw-Hill, 1997.

Madrigal, Margarita. Margarita's Magical Key to Spanish. New York: Doubleday, 1989.

Prado, Marcial. NTC's Dictionary of Spanish False Cognates. Chicago, NTC Publishing Group, 1993.

Thomas, Michel. Spanish with Michel Thomas. Chicago: NTC Publishing Group, 2000.

-al /-al

Muchas de las palabras que terminan en "-al" en español tienen la misma terminación en inglés.

Las palabras en inglés que terminan en "-al" suelen ser adjetivos o sustantivos. Por ejemplo,

> artificial (adj.) = *artificial*; an artificial tree = *un arbol artificial*
> an animal (n.) = *un animal*

ESPAÑOL . . . . . . INGLÉS	
abdominal	abdominal
accidental	accidental
actual	actual *(significa "verdadero" o "real")*
adicional	additional
adverbial	adverbial
ancestral	ancestral
animal	**animal**
"Es un animal"	**"It's an animal."**
anormal	abnormal
antiliberal	antiliberal
antisocial	antisocial
anual	annual
arsenal	arsenal
artificial	artificial
asexual	asexual
audiovisual	audiovisual
banal	banal
bautismal	baptismal

*Todas las palabras que aparecen **en letra negrilla** en este capítulo están incluidas en la **Grabación 1**.*

beneficial . . . . beneficial
bestial . . . . bestial
bianual . . . . biannual
bienal . . . . biennial
bifocal . . . . bifocal
bilateral . . . . bilateral
bisexual . . . . bisexual
bronquial . . . . bronchial
brutal. . . . . **brutal**
    "Es una reacción brutal". . . . . **"It's a brutal reaction."**

canal . . . . canal *(solamente para "conducto")*
caníbal. . . . . cannibal
capital . . . . **capital**
cardinal . . . . cardinal
carnal . . . . carnal
carnaval. . . . . carnival
casual . . . . casual
catedral . . . . cathedral
celestial . . . . celestial
central . . . . **central**
cereal . . . . cereal
cerebral . . . . cerebral
ceremonial . . . . ceremonial
circunstancial . . . . circumstantial
coincidencial . . . . coincidental
colateral. . . . . collateral
colonial . . . . colonial
coloquial . . . . colloquial
colosal. . . . . colossal
comercial . . . . commercial
comunal. . . . . communal
conceptual . . . . conceptual
condicional. . . . . conditional
confesional. . . . . confessional
confidencial . . . . confidential

confrontacional . . . . confrontational
constitucional . . . . constitutional
contextual . . . . contextual
continental . . . . **continental**
controversial . . . . controversial
convencional . . . . conventional
conversacional . . . . conversational
coral . . . . coral
cordial . . . . cordial
corporal . . . . corporal
corral . . . . corral
correccional . . . . correctional
craneal . . . . cranial
credencial . . . . credential
criminal . . . . criminal
cristal . . . . crystal
crucial . . . . **crucial**
  "Mañana es un día crucial". . . . . **"Tomorrow is a crucial day."**
cultural . . . . cultural

decimal . . . . decimal
dental . . . . dental
desigual . . . . unequal
desleal . . . . disloyal
devocional . . . . devotional
diagonal . . . . **diagonal**
dictatorial . . . . dictatorial
diferencial . . . . differential
digital . . . . digital
dimensional . . . . dimensional
disfuncional . . . . dysfunctional
divisional . . . . divisional
doctoral . . . . doctoral
dorsal . . . . dorsal
dual . . . . dual
ducal . . . . ducal

editorial . . . . editorial
electoral . . . . electoral
elemental . . . . elemental *(más común "elementary")*
emocional . . . . emotional
episcopal . . . . episcopal
ecuatorial . . . . equatorial
escultural . . . . sculptural
especial . . . . **special**
espinal . . . . spinal
espiral . . . . spiral
espiritual . . . . spiritual
estructural . . . . structural
eternal . . . . eternal
eventual . . . . eventual
excepcional . . . . exceptional
existencial . . . . existential
experimental . . . . experimental
exponencial . . . . exponential
extramatrimonial . . . . extramarital
extraoficial . . . . unofficial

facial . . . . facial
fatal . . . . fatal *(solamente para "mortal")*
federal . . . . federal
fenomenal . . . . phenomenal
festival . . . . festival
fetal . . . . fetal
feudal . . . . feudal
filial . . . . filial
final . . . . **final**
fiscal . . . . fiscal
floral . . . . floral
focal . . . . focal
formal . . . . formal
fraternal . . . . fraternal

frontal	frontal
frugal.	frugal
funcional	functional
fundamental	**fundamental**
funeral	funeral
gastrointestinal	gastrointestinal
generacional.	generational
general	**general**
genial	genial
germinal.	germinal
glacial	glacial
global	global
gradual	gradual
gramatical	grammatical
gravitacional.	gravitational
gutural	guttural
habitual	habitual
heterosexual	heterosexual
homosexual	homosexual
horizontal.	horizontal
hormonal	hormonal
hospital	**hospital**
ideal	**ideal**
igual	**equal**
ilegal	**illegal**
"Robar es ilegal".	**"Stealing is illegal."**
imparcial	impartial
imperial	imperial
impersonal	impersonal
inaugural	inaugural
inmaterial.	immaterial
inmoral	immoral
inmortal	immortal
incidental	incidental

incondicional . . . . unconditional

inconstitucional . . . . unconstitutional

individual . . . . individual *(también se usa para "individuo")*

industrial . . . . industrial

infernal . . . . infernal

informal . . . . informal

inicial . . . . initial

institucional . . . . institutional

instrumental . . . . instrumental *(también se usa para "útil")*

insustancial . . . . insubstantial

integral . . . . integral

intelectual . . . . intellectual

intencional . . . . intentional

intercontinental . . . . intercontinental

internacional . . . . **international**

   "Es una compañía . . . . "It's an international

   internacional" . . . . company."

interpersonal . . . . interpersonal

interracial . . . . interracial

intestinal . . . . intestinal

inusual . . . . unusual

irracional . . . . irrational

irreal . . . . unreal

jovial . . . . jovial

judicial . . . . judicial

labial . . . . labial

lateral . . . . lateral

latitudinal . . . . latitudinal

leal . . . . **loyal**

legal . . . . **legal**

letal . . . . lethal

liberal . . . . liberal

literal . . . . literal
local . . . . local *(solamente adjetivo)*
longitudinal. . . . . longitudinal

manual. . . . . manual
marcial. . . . . martial
marginal. . . . . marginal
marital . . . . marital
material . . . . material
maternal. . . . . maternal
matriarcal. . . . . matriarchal
matrimonial . . . . matrimonial
medicinal . . . . medicinal
medieval . . . . medieval
menstrual . . . . menstrual
mental . . . . **mental**
    "Es un problema mental." . . . **"It's a mental problem."**
meridional . . . . meridional *(más común "Southern")*
metal . . . . metal
mineral. . . . . mineral
modal . . . . modal
monumental . . . . monumental
moral. . . . . moral
mortal . . . . mortal
multicultural . . . . multicultural
multifuncional . . . . multifunctional
multinacional . . . . multinational
municipal . . . . municipal
mural . . . . mural
musical. . . . . musical
mutual . . . . mutual *(significa "mutuo")*

nacional . . . . **national**
nasal . . . . nasal
natal . . . . natal
natural . . . . natural

naval . . . . naval
neandertal . . . . neanderthal
neutral . . . . neutral
nominal . . . . nominal
normal . . . . normal
numeral . . . . numeral
nupcial. . . . . nuptial
nutricional . . . . nutritional

ocasional . . . . occasional
occidental. . . . . occidental *(más común "Western")*
octagonal. . . . . octagonal
oficial . . . . official
opcional. . . . . optional
oral . . . . oral
oriental . . . . oriental *(más común "Eastern")*
original . . . . **original**
orinal. . . . . urinal
ornamental. . . . . ornamental
otoñal . . . . autumnal
oval. . . . . oval

papal. . . . . papal
paranormal. . . . . paranormal
parcial . . . . partial
parroquial . . . . parochial
pastoral . . . . pastoral
patrimonial. . . . . patrimonial
pectoral . . . . pectoral
pedal. . . . . pedal
pedestal . . . . pedestal
penal. . . . . penal
personal. . . . . personal
plural. . . . . plural
portal. . . . . portal
posicional. . . . . positional

postal	postal
postnatal	postnatal
potencial	potential
preferencial	preferential
prenatal	prenatal
prenupcial	prenuptial
preposicional	prepositional
presidencial	presidential
primordial	primordial
principal	**principal**
procesional	processional
profesional	professional
promocional	promotional
proporcional	proportional
providencial	providential
provincial	provincial
provisional	provisional
puntual	punctual
racial	racial
racional	rational
radial	radial
radical	radical
real	real *(también significa "royal")*
recital	recital
regional	**regional**
residencial	residential
residual	residual
reverencial	reverential
ritual	ritual
rival	rival
rural	rural
sacramental	sacramental
semifinal	semifinal
señal	signal

senatorial . . . . senatorial
sensacional. . . . . sensational
sensual. . . . . sensual
sentimental . . . . sentimental
sepulcral. . . . . sepulchral
sexual . . . . **sexual**
social . . . . **social**
sociocultural . . . . sociocultural
subliminal. . . . . subliminal
subtotal . . . . subtotal
subtropical . . . . subtropical
superficial. . . . . superficial
supernatural . . . . supernatural
surreal . . . . surreal
sustancial . . . . substantial

tangencial . . . . tangential
temperamental . . . . temperamental
temporal. . . . . temporal
termal . . . . thermal
terminal . . . . terminal
territorial . . . . territorial
testimonial . . . . testimonial
textual . . . . textual
tonal . . . . tonal
torrencial . . . . torrential *(más común "storm")*

total. . . . . **total**
    "Cúanto es el total?" . . . . **"How much is the total?"**
tradicional . . . . traditional
transcontinental. . . . . transcontinental
transexual. . . . . transsexual
transicional. . . . . transitional
trascendental . . . . transcendental
tribal . . . . tribal
tribunal . . . . tribunal *(más común "courthouse")*

trivial . . . . trivial
tropical . . . . tropical

unilateral . . . . unilateral
universal. . . . . universal
usual . . . . usual

vegetal. . . . . vegetal
verbal . . . . verbal
vertical. . . . . vertical
vicepresidencial . . . . vice presidential
viral. . . . . viral
virtual . . . . virtual
visceral . . . . visceral
visual. . . . . visual
vital . . . . vital
vocacional . . . . vocational
vocal . . . . vocal *(solamente adjetivo)*
zonal . . . . zonal

1A.

Match associated words and/or synonyms.

Una las palabras que están relacionadas o que son sinónimos.

1. animal	contract
2. personal	finish
3. artificial	synthetic
4. crucial	perfect
5. ideal	important
6. legal	private
7. final	cat

1B.

Read the following story, and underline the cognates/ "true friends."

Lea el siguiente texto y subraye los cognados.

1C.

Listen to and read the story again, out loud, and answer the questions below in complete sentences.

Escuche y lea el cuento en voz alta. Responda las siguientes preguntas, usando oraciones completas.

(This chapter presents the first story of the travels of John and Debbie. Every chapter will feature a new story about these two young Americans traveling through the USA. Please listen to and read each story carefully before answering the questions that follow.)

John and Debbie are two teenagers from New Jersey who want to take a trip. There's a problem—John wants to take an international trip and Debbie wants to take a domestic trip. John says, "But Debbie, your idea is not original!" Debbie says, "Come on John, not now!" In the end, Debbie wins; John decides that it's not essential to take an international trip right now. Debbie has some general ideas for their itinerary. John says, "I don't want to visit your uncle in Alabama...he is too formal and traditional!" Debbie says, "We'll see..."

1. Where are John and Debbie from?

2. What type of trip does John want to take?

3. What type of trip does Debbie want to take?

4. What does John say about Debbie's idea?

5. According to John, how is Debbie's uncle?

-ancia/-ance

Muchas de las palabras que terminan en "-ancia" en español se corresponden con palabras que terminan en "-ance" en inglés.

Las palabras en inglés que terminan en "-ance" suelen ser sustantivos. Por ejemplo,

distance = la distancia

Todas las palabras que aparecen en letra negrilla en este capítulo están incluidas en la Grabación 3.

ESPAÑOL . . . . . . INGLÉS

abundancia . . . . abundance
ambulancia. . . . . **ambulance**
arrogancia . . . . **arrogance**
   "A nadie le gusta la arrogancia". . . **"Nobody likes arrogance."**

circunstancia. . . . . circumstance
concordancia . . . . concordance
consonancia . . . . consonance
constancia . . . . constance

discordancia. . . . . discordance
disonancia . . . . dissonance
distancia. . . . . **distance**

elegancia . . . . **elegance**
extravagancia. . . . . extravagance
exuberancia . . . . exuberance

fragancia . . . . fragrance
Francia. . . . . France

ignorancia . . . . ignorance

importancia . . . . **importance**

    "¿Cuál es la importancia?" . . . . **"What's the importance?"**

insignificancia. . . . . insignificance

instancia. . . . . instance

intolerancia. . . . . **intolerance**

irrelevancia. . . . . irrelevance

observancia . . . . observance

perseverancia . . . . **perseverance**

    "La perseverancia es importante". . . . . **"Perseverance is important."**

predominancia . . . . predominance

preponderancia . . . . preponderance

protuberancia . . . . protuberance

redundancia . . . . redundance

relevancia . . . . relevance

repugnancia . . . . repugnance

resonancia . . . . resonance

substancia . . . . **substance**

tolerancia . . . . **tolerance**

vigilancia . . . . vigilance

2A.

Match associated words and/or synonyms.

Una las palabras que están relacionadas o que son sinónimos.

1. fragrance	hospital
2. distance	significance
3. perseverance	conceited
4. tolerance	far
5. arrogance	dedication
6. ambulance	perfume
7. importance	patience

2B.

Read the following story, and underline the cognates/ "true friends."

Lea el siguiente texto y subraye los cognados.

2C.
Listen to and read the story again, out loud, and answer the questions below in complete sentences.

Escuche y lea el cuento en voz alta. Responda las siguientes preguntas, usando oraciones completas.

In order to organize their trip, John and Debbie discuss many things: John talks about the importance of not spending a lot of money; in fact, he doesn't have much tolerance for the "chic world." He knows that there is a lot of distance to cover, and that perseverance will be necessary. Debbie, too, understands the importance of not spending too much money during the trip. She has only one request: She wants to see a professional dance in Boston. A friend told her that it is great. John says, "We'll see..."

1. John speaks about the importance of what?

2. John doesn't have much tolerance for what?

3. What will be necessary on this trip?

4. Does Debbie understand the importance of not spending too much money?

5. How does John respond to Debbie's request?

-ante/-ant

Muchas de las palabras que terminan en "-ante" en español se corresponden con palabras que terminan en "-ant" en inglés.

Las palabras en inglés que terminan en "-ant" suelen ser adjetivos o sustantivos. Por ejemplo,

> arrogant (adj.) = *arrogante*
> the deodorant (n.) = *el desodorante*

*Todas las palabras que aparecen **en letra negrilla** en este capítulo están incluidas en la **Grabación 5**.*

ESPAÑOL . . . . . . INGLÉS

aberrante . . . . aberrant
abundante . . . . **abundant**
ambulante . . . . ambulant
antioxidante . . . . antioxidant
arrogante . . . . **arrogant**
  "Él es muy arrogante". . . . . . **"He is very arrogant."**
aspirante . . . . aspirant
asaltante . . . . assailant

brillante . . . . brilliant

colorante . . . . colorant
comandante . . . . commandant
concordante . . . . concordant
consonante . . . . consonant
constante . . . . **constant** *(para persona, use* "consistent")
contaminante . . . . contaminant

debutante . . . . debutant
desinfectante . . . . **disinfectant**
desodorante . . . . **deodorant**
determinante . . . . determinant
discordante . . . . discordant
disonante . . . . dissonant
distante . . . . distant
dominante . . . . dominant

elefante . . . . **elephant**
elegante . . . . **elegant**
emigrante . . . . emigrant *(más común "migrant")*
entrante . . . . entrant
equidistante . . . . equidistant
errante . . . . errant
estimulante . . . . **stimulant** *(también se usa para*
"droga")
expectante . . . . expectant
extravagante . . . . extravagant *(significa "lujoso")*
exuberante . . . . exuberant
exultante . . . . exultant

galante . . . . gallant
gigante . . . . giant

habitante . . . . inhabitant

ignorante . . . . **ignorant**
"¡Qué pregunta tan ignorante!" . . . **"What an ignorant question!"**
implante . . . . implant
importante . . . . **important**
incesante . . . . incessant
inconstante . . . . inconstant
indignante . . . . indignant
infante . . . . infant
informante . . . . informant

inmigrante	**immigrant**
insignificante	insignificant
instante	**instant**
intolerante	intolerant
irrelevante	irrelevant
irritante	irritant
itinerante	itinerant
lubricante	lubricant
mercante	merchant
militante	militant
mutante	mutant
observante	observant *(significa "observador")*
ocupante	**occupant**
palpitante	palpitant
participante	**participant**
pedante	pedant
picante	piquant
predominante	predominant
preponderante	preponderant
protestante	Protestant
radiante	radiant
rampante	rampant
recalcitrante	recalcitrant
redundante	redundant
relajante	relaxant
relevante	relevant
repugnante	repugnant
resonante	resonant
restaurante	**restaurant**

"Ese restaurante es barato". . . . **"That restaurant is cheap."**

suplicante . . . . supplicant

tolerante . . . . tolerant
transplante . . . . transplant
triunfante . . . . **triumphant**
vacante . . . . vacant
variante . . . . variant
vibrante . . . . vibrant
vigilante . . . . vigilant

3A.

Match associated words and/or synonyms.
Una las palabras que están relacionadas o que son sinónimos.

1. ignorant	evident
2. elegant	animal
3. important	pretentious
4. elephant	cafeteria
5. arrogant	essential
6. flagrant	unaware
7. restaurant	fancy

3B.

Read the following story, and underline the cognates/ "true friends."
Lea el siguiente texto y subraye los cognados.

3C.

Listen to and read the story again, out loud, and answer the questions
below in complete sentences.
Escuche y lea el cuento en voz alta. Responda las siguientes preguntas,
usando oraciones completas.

John and Debbie decide to go to an important city first: New York!
Debbie says, "But John, is it true that New Yorkers are arrogant?"
John responds, "What an ignorant question! No, New Yorkers aren't
arrogant, their way of dressing is very elegant and they know that the
history of New York is very important, but...they are very nice." John
has a friend, Andrew, who lives in NYC and has a restaurant called
"The Red Elephant." As soon as they arrive in NYC, they go to
Andrew's place and eat a very generous portion of spaghetti.

1. What city do John and Debbie go to?

2.What does Debbie think of New Yorkers?

3. What does John say about the way New Yorkers dress?

4. How does John describe the history of New York?

5. What is Andrew's restaurant called?

Capítulo 4

Muchas de las palabras que terminan en "-ar" en español tienen la misma terminación en inglés.

Las palabras en inglés que terminan en "-ar" suelen ser adjetivos.
Por ejemplo,

a circular shape (adj.) = *una forma circular*

ESPAÑOL . . . . . . INGLÉS

*Todas las palabras que aparecen **en letra negrilla** en este capítulo están incluidas en la **Grabación 7**.*

altar . . . . altar
angular . . . . angular
antinuclear . . . . antinuclear
azúcar . . . . sugar

bipolar . . . . bipolar

cardiovascular . . . . cardiovascular
caviar . . . . caviar
celular . . . . **cellular**
    "Es un teléfono celular" . . . . . . **"It's a cellular phone."**
César . . . . Caesar
circular . . . . **circular**
    "Tiene una forma circular" . . . **"It has a circular shape."**
collar . . . . collar *(significa "cuello de ropa")*
curricular . . . . curricular

dólar . . . . dollar

ejemplar. . . . . exemplar

electronuclear . . . . electronuclear

escolar. . . . . scholar *(significa "estudioso" de algo)*

espectacular . . . . **spectacular**

estelar . . . . stellar

extracurricular. . . . . extracurricular

familiar . . . . familiar

glandular . . . . glandular

globular . . . . globular

granular . . . . granular

impopular. . . . . unpopular

insular . . . . insular

intramuscular . . . . intramuscular

irregular. . . . . irregular

lunar . . . . lunar *(solamente para "la luna")*

modular . . . . modular

molecular . . . . molecular

multicelular. . . . . multicellular

muscular. . . . . muscular *(también se usa para "musculoso")*

néctar . . . . nectar

nuclear. . . . . **nuclear**

"La guerra nuclear es terrible". . . **"Nuclear war is terrible."**

ocular . . . . ocular

particular . . . . particular

peculiar . . . . peculiar

peninsular. . . . . peninsular

perpendicular . . . . perpendicular

polar . . . . **polar**
popular . . . . **popular**

radar . . . . radar
rectangular . . . . rectangular
regular . . . . regular *(significa "ordinario")*

secular . . . . secular
semicircular . . . . semicircular
similar . . . . similar
singular . . . . singular
solar . . . . solar
subpolar . . . . subpolar

termonuclear . . . . thermonuclear
triangular . . . . triangular
tubular . . . . tubular

unicelular . . . . unicellular

vascular . . . . vascular
vehicular . . . . vehicular

yugular . . . . jugular

zar . . . . tzar

4A.

Match associated words and/or synonyms.
Una las palabras que están relacionadas o que son sinónimos.

1. cardiovascular   atomic
2. regular   unique
3. singular   normal
4. circular   resemblance
5. similar   money
6. dollar   round
7. nuclear   heart

4B.

Read the following story, and underline the cognates/ "true friends."
Lea el siguiente texto y subraye los cognados.

4C.

Listen to and read the story again, out loud, and answer the questions below in complete sentences.
Escuche y lea el cuento en voz alta. Responda las siguientes preguntas, usando oraciones completas.

While they are in New York, John and Debbie go to a Spanish language seminar with Andrew, John's friend. Debbie asks, "Why do you have a particular interest in Spanish?" Andrew responds, "Because Spanish is very popular in Providence, and I want to work in Providence." During the class, the professor talks about many irregular verbs. After the class, the three friends discuss the difference between the singular and the plural in Spanish. Spanish is very difficult for Debbie, she says, "Nothing is regular, everything is irregular! For me, Spanish is very hard!"

1. Where do they go while in New York?

2. Why does Andrew study Spanish?

3. What does the professor talk about?

4. After class, what do the three friends talk about?

5. Does Debbie think Spanish is regular?

-ario/-ary

Muchas de las palabras que terminan en "-ario" en español se corresponden con palabras que terminan en "-ary" en inglés.

Las palabras en inglés que terminan en "-ary" suelen ser adjetivos o sustativos. Por ejemplo,

an anniversary (n.) = *un aniversario*
ordinary (adj.) = *ordinario*; an ordinary day = *un día ordinario*

ESPAÑOL . . . . . . INGLÉS

Todas las palabras que aparecen **en letra negrilla** *en este capítulo están incluidas en la* **Grabación 9**.

Español	Inglés
adversario	adversary
aniversario	**anniversary**
anticuario	antiquary
arbitrario	arbitrary
beneficiario	beneficiary
bestiario	bestiary
binario	binary
breviario	breviary
canario	canary
centenario	centenary
comentario	commentary (*más común* "comment")
comisario	commissary
complementario	complementary
contrario	**contrary**
corolario	corollary
coronario	coronary
cuestionario	questionary (*más común* "questionnaire")
culinario	culinary

depositario . . . . depositary

diario. . . . . diary *(solamente sustantivo; más común "journal")*

diccionario . . . . **dictionary**

   "El está usando el diccionario". . . **"He's using the dictionary."**

dignatario . . . . dignitary

disciplinario . . . . disciplinary

dispensario. . . . . dispensary

divisionario. . . . . divisionary

documentario . . . . documentary *(significa "documental")*

emisario. . . . . emissary

estacionario . . . . stationary

estuario . . . . estuary

extraordinario. . . . . **extraordinary**

fragmentario. . . . . fragmentary

funcionario. . . . . functionary

funerario . . . . funerary

glosario . . . . **glossary**

hereditario . . . . hereditary

honorario. . . . . honorary

imaginario . . . . **imaginary**

   "Él tiene un amigo imaginario". . . **"He has an imaginary friend."**

incendiario. . . . . incendiary

innecesario. . . . . unnecessary

interdisciplinario . . . . interdisciplinary

intermediario . . . . intermediary

involuntario. . . . . involuntary

itinerario . . . . **itinerary**

lapidario . . . . lapidary

legendario . . . . legendary

literario . . . . literary

mercenario . . . . mercenary
monetario . . . . monetary

necesario . . . . **necessary**
notario . . . . notary

obituario . . . . obituary
ordinario . . . . **ordinary**
ovario . . . . ovary

parlamentario . . . . parliamentary
penitenciario . . . . penitentiary
planetario . . . . planetary
plenario . . . . plenary
primario . . . . primary
propietario . . . . proprietary *(solamente adjetivo)*

reaccionario . . . . reactionary
revolucionario . . . . **revolutionary**
rosario . . . . rosary
rudimentario . . . . rudimentary

salario . . . . **salary**
   "Tu tienes un buen salario". . . **"You have a good salary."**
sanitario . . . . sanitary
santuario . . . . sanctuary
secretario . . . . **secretary**
secundario . . . . secondary
sedentario . . . . sedentary
sedimentario . . . . sedimentary
seminario . . . . seminary
solitario . . . . **solitary**
subsidiario . . . . subsidiary
sumario . . . . summary
suplementario . . . . supplementary

temporario . . . . temporary

terciario . . . . tertiary

tributario . . . . tributary

unitario . . . . unitary

urinario . . . . urinary

veterinario . . . . veterinary

visionario . . . . visionary

vocabulario . . . . **vocabulary**

    "El vocabulario es importante". . . **"Vocabulary is important."**

voluntario . . . . voluntary *(el sustantivo es* "volunteer"*)*

5A.

Match associated words and/or synonyms.

Una las palabras que están relacionadas o que son sinónimos.

1. anniversary	words
2. salary	path
3. necessary	common
4. vocabulary	annual
5. itinerary	opposite
6. ordinary	essential
7. contrary	money

5B.

Read the following story, and underline the cognates/ "true friends."

Lea el siguiente texto y subraye los cognados.

5C.

Listen to and read the story again, out loud, and answer the questions below in complete sentences.

Escuche y lea el cuento en voz alta. Responda las siguientes preguntas, usando oraciones completas.

John and Debbie have a very intense itinerary for New York. In order to not forget their adventures, Debbie wants to buy a diary to write about everything. One day they go to Central Park, another day they go to SoHo, another day they go to the West Village. John says, "This pace is extraordinary!" Every night, Debbie writes a lot in her diary, but John doesn't understand why, in fact he says, "It's not necessary to write every detail—it's not a dictionary!" Debbie responds, "To the contrary, it's very important to recount every detail!"

1. How is John and Debbie's itinerary in New York?

2. What does Debbie want to buy?

3. What does Debbie write in her diary?

4. What does John say about their pace?

5. According to John, it is not necessary to do what?

-ble/-ble

Muchas de las palabras que terminan en "-ble" en español tienen la misma terminación en inglés.

Las palabras en inglés que terminan en "-ble" suelen ser adjetivos. Por ejemplo,

a <u>flexible</u> schedule = *un horario <u>flexible</u>*

*Todas las palabras que aparecen **en letra negrilla** en este capítulo están incluidas en la **Grabación 11**.*

ESPAÑOL . . . . . . INGLÉS

abominable . . . . abominable
accesible . . . . accessible
aceptable . . . . **acceptable**
adaptable. . . . . adaptable
admirable. . . . . admirable
admisible . . . . admissible
adorable . . . . **adorable**
    "El bebé es adorable". . . . . . **"The baby is adorable."**
afable . . . . affable
agradable . . . . agreeable
ajustable . . . . adjustable
alienable . . . . alienable
alterable. . . . . alterable
amable . . . . amiable
amigable . . . . amicable
apelable. . . . . appealable
aplacable. . . . . placable
aplicable . . . . applicable
apreciable . . . . appreciable

audible . . . . audible

cable . . . . cable
calculable. . . . . calculable
calificable. . . . . qualifiable
cancelable . . . . cancelable
cuantificable . . . . quantifiable
censurable . . . . censurable
clasificable . . . . classifiable
coleccionable . . . . collectible
combustible . . . . combustible
comparable . . . . **comparable**
compatible . . . . compatible
comprensible . . . . comprehensible
comunicable . . . . communicable
condenable. . . . . condemnable
condonable . . . . condonable
confesable . . . . confessable
confortable . . . . comfortable
conmemorable . . . . commemorable
conmensurable . . . . commensurable
conservable . . . . conservable
considerable. . . . . considerable
consolable . . . . consolable
consumible . . . . consumable
contable. . . . . countable *(solamente adjetivo)*
contestable . . . . contestable
controlable . . . . controllable
convertible . . . . convertible
corruptible . . . . corruptible
creíble . . . . **credible**
    "Su cuento no es creíble". . . . **"His story is not credible."**
criticable . . . . criticizable
culpable. . . . . culpable
curable. . . . . curable

deducible . . . . deductible
defendible . . . . defensible
definible. . . . . definable
degradable. . . . . degradable
deleitable . . . . delectable
demostrable . . . . demonstrable
deplorable . . . . deplorable
descriptible. . . . . describable
deseable . . . . desirable
destructible. . . . . destructible
determinable. . . . . determinable
detestable. . . . . detestable
digerible. . . . . digestible
discutible . . . . discussible
disponible . . . . disposable *(significa "desechable")*
disputable. . . . . disputable
divisible . . . . **divisible**
dudable . . . . dubitable
durable . . . . durable

elegible . . . . eligible
eliminable. . . . . eliminable
enmendable . . . . emendable
envidiable . . . . enviable
estable . . . . **stable** *(solamente adjetivo)*
estimable . . . . estimable
evitable . . . . evitable
excitable . . . . excitable
excusable . . . . **excusable**
expansible . . . . expansible
explicable. . . . . explicable
explorable . . . . explorable
exportable . . . . exportable
extensible. . . . . extensible

falible . . . . fallible

favorable . . . . favorable

fermentable . . . . fermentable

filmable . . . . filmable

flexible. . . . . **flexible**

formidable . . . . formidable

gobernable. . . . . governable

habitable (in)habitable. . . . . .

honorable. . . . . honorable

horrible . . . . **horrible**

identificable . . . . identifiable

ilegible. . . . . illegible

imaginable. . . . . imaginable

imitable . . . . imitable

impasible . . . . impassible

impecable. . . . . **impeccable**

    "Tu **inglés** es impecable". . . . . **"Your English is impeccable."**

impenetrable. . . . . impenetrable

imperceptible . . . . imperceptible

impermeable. . . . . impermeable *(solamente adjetivo)*

imperturbable . . . . imperturbable

implacable . . . . implacable

imposible . . . . **impossible**

impresionable . . . . impressionable

improbable. . . . . **improbable**

inaccesible . . . . inaccessible

inaceptable. . . . . unacceptable

inadaptable . . . . unadaptable

inadmisible. . . . . inadmissible

inalienable . . . . inalienable

inalterable . . . . unalterable

inaplicable . . . . inapplicable

inapreciable . . . . inappreciable *(más común "invaluable")*

inaudible . . . . inaudible

incalculable	incalculable
inclasificable	unclassifiable
incomparable	incomparable
incompatible	incompatible
incomprensible	incomprehensible
inconsolable	inconsolable
incontestable	incontestable
incontrolable	uncontrollable
incorregible	incorrigible
incorruptible	incorruptible
increíble	**incredible**
incurable	incurable
indeseable	undesirable
indeterminable	undeterminable
indisputable	undisputable
inestable	unstable
inimaginable	unimaginable
ininteligible	unintelligible
indefinible	indefinable
indeleble	indelible
indescriptible	indescribable
indestructible	indestructible
indigerible	indigestible
indispensable	indispensable
indivisible	indivisible
inefable	ineffable
inescrutable	inscrutable
inestimable	inestimable
inevitable	**inevitable**
inexcusable	inexcusable
inexorable	inexorable
inexplicable	inexplicable
inextricable	inextricable
infalible	infallible
infatigable	indefatigable
inflamable	inflammable

inflexible	**inflexible**
inimitable	inimitable
innoble	ignoble
inoperable	inoperable
insaciable	insatiable
insensible	insensible
inseparable	inseparable
insoluble	insoluble
insuperable	insuperable
intangible	intangible
inteligible	intelligible
interminable	interminable
intocable	untouchable
intolerable	intolerable
invariable	invariable
invencible	invincible
inviolable	inviolable
invisible	**invisible**
"La tapa es invisible".	**"The cover is invisible."**
invulnerable	invulnerable
irascible	irascible
irreconciliable	irreconcilable
irreducible	irreducible
irrefutable	irrefutable
irresistible	irresistible
irresponsable	**irresponsible**
irreversible	irreversible
irrevocable	irrevocable
irrigable	irrigable
irritable	irritable
lamentable	lamentable
laudable	laudable
legible	legible
maleable	malleable
manejable	manageable

maniobrable . . . . maneuverable

memorable . . . . memorable

mensurable . . . . measurable

miserable . . . . **miserable** *(significa "infeliz")*

modificable . . . . modifiable

multiplicable . . . . multipliable

navegable . . . . navigable

negociable . . . . negotiable

noble . . . . **noble**

notable . . . . notable

observable . . . . observable

operable . . . . operable

ostensible . . . . ostensible

pagable . . . . payable

palpable . . . . palpable

. . . .

pasable . . . . **passable**

    "El vino está pasable" . . . . . . **"The wine is passable (so-so)."**

penetrable . . . . penetrable

perceptible . . . . perceptible

perdonable . . . . pardonable

permeable . . . . permeable

permisible . . . . permissible

plausible . . . . plausible

ponderable . . . . ponderable

posible . . . . **possible**

potable . . . . potable

preferible . . . . preferable

presentable . . . . presentable

probable . . . . **probable**

producible . . . . producible

programable . . . . programmable

publicable . . . . publishable

realizable . . . . realizable
reciclable . . . . recyclable
recomendable . . . . recommendable
reconciliable . . . . reconcilable
reducible . . . . reducible
reformable . . . . reformable
refutable . . . . refutable
renovable . . . . renewable
reparable . . . . **repairable**
repetible . . . . repeatable
replicable . . . . replicable
representable . . . . representable
resistible . . . . resistible
respetable . . . . **respectable**

    "Es una señora respetable" . . . **"She's a respectable lady."**

responsable . . . . **responsible**
restaurable . . . . restorable
retractable . . . . retractable
reversible . . . . reversible
revocable . . . . revocable

salvable . . . . savable
sensible . . . . sensible *(significa "lógico")*
separable . . . . separable
sociable . . . . sociable
soluble . . . . soluble
superable . . . . superable
susceptible . . . . susceptible

tangible . . . . tangible
terrible . . . . terrible
tolerable . . . . tolerable
transferible . . . . transferable
transformable . . . . transformable

utilizable . . . . utilizable

variable . . . . **variable**
venerable . . . . venerable
verificable . . . . verifiable
viable . . . . viable
visible . . . . **visible**
vulnerable . . . . vulnerable

-ble/ble

6A.

Match associated words and/or synonyms.
Una las palabras que están relacionadas o que son sinónimos.

1. flexible	stiff
2. terrible	cute
3. probable	consistent
4. stable	possible
5. inflexible	unhappy
6. miserable	elastic
7. adorable	horrible

6B.

Read the following story, and underline the cognates/ "true friends."
Lea el siguiente texto y subraye los cognados.

6C.

Listen to and read the story again, out loud, and answer the questions below in complete sentences.
Escuche y lea el cuento en voz alta. Responda las siguientes preguntas, usando oraciones completas.

After a few days in New York, Debbie and John take a train to Newport. During the train ride they have an argument. Debbie says to John, "You are so irresponsible! You didn't reserve the seats for the dance in Boston!" John responds, "Don't worry, we can go another time, it's very probable that we'll return to Boston someday." Debbie says, "You are impossible! It's very improbable that we'll be back there someday!" In the end, John apologizes and says that he will be much more responsible for the rest of the trip. Debbie asks if it will be possible to buy the tickets for the dance in Boston. John responds, "We'll see..."

1. Where do they go after New York?

2. What does Debbie think of John?

3. What does John say about Debbie?

4. Does Debbie think they will return to Boston one day?

5. What does Debbie ask at the end?

-ción/-tion

Muchas de las palabras que terminan en "-ción" en español se corresponden con palabras que terminan en "-tion" en inglés.

Las palabras en inglés que terminan en "-tion" suelen ser sustantivos. Por ejemplo,

an operation = *una operación*

*Todas las palabras que aparecen **en letra negrilla** en este capítulo están incluidas en la **Grabación 13**.*

ESPAÑOL . . . . . . INGLÉS

abdicación . . . . abdication
aberración . . . . aberration
abolición . . . . abolition
abominación. . . . . abomination
abreviación . . . . abbreviation
absolución . . . . absolution
absorción . . . . absorption
abstención . . . . abstention
abstracción. . . . . abstraction
aceleración. . . . . acceleration
aclamación. . . . . acclamation
acomodación . . . . accommodation *(también se usa para "alojamiento")*
acreditación . . . . accreditation
aculturación . . . . acculturation
acumulación . . . . accumulation
acusación. . . . . accusation
acción . . . . **action** *(solamente para "ejecución;" para la bolsa, use "stocks")*
"No hay mucha acción". . . . . . **"There's not a lot of action."**

activación. . . . . activation

actualización . . . . actualization

acumulación . . . . cumulation

adaptación. . . . . adaptation

adicción. . . . . addiction

adición . . . . addition

administración . . . . administration

admiración. . . . . admiration

admonición . . . . admonition

adopción . . . . adoption

adoración. . . . . adoration

adquisición. . . . . acquisition

adulación . . . . adulation

afiliación . . . . affiliation

afirmación . . . . affirmation

aflicción . . . . affliction

agitación . . . . agitation

alienación . . . . alienation

aliteración . . . . alliteration

alteración. . . . . alteration

alucinación. . . . . hallucination

ambición . . . . **ambition**

"Tienen mucha ambición". . . . **"They have a lot of ambition."**

americanización . . . . Americanization

amputación. . . . . amputation

animación . . . . animation

anotación. . . . . annotation

anticipación . . . . anticipation

aparición . . . . apparition

aplicación . . . . application *(también se usa para "solicitud")*

apreciación . . . . appreciation

aprobación. . . . . approbation

aproximación . . . . approximation

asimilación. . . . . assimilation

asociación . . . . association

aspiración . . . . aspiration
atención . . . . **attention**
atracción . . . . attraction
atribución . . . . attribution
audición . . . . audition
autenticación . . . . authentication
autodestrucción . . . . self-destruction
automatización . . . . automation
autorización . . . . authorization
aviación . . . . aviation
bendición . . . . benediction
cancelación . . . . cancellation
capitalización . . . . capitalization
celebración . . . . **celebration**
     "Es una gran celebración". . . . **"It's a big celebration."**
centralización . . . . centralization
certificación . . . . certification
circulación . . . . circulation
citación . . . . citation
civilización . . . . civilization
clasificación . . . . classification
coacción . . . . coaction
coalición . . . . coalition
codificación . . . . codification
cognición . . . . cognition
cohabitación . . . . cohabitation
colaboración . . . . collaboration
colección . . . . **collection**
colonización . . . . colonization
coloración . . . . coloration
combinación . . . . combination
compensación . . . . compensation
competición . . . . competition
compilación . . . . compilation
complicación . . . . complication
composición . . . . composition

comunicación . . . . communication

concentración . . . . concentration

concepción . . . . conception

condensación . . . . condensation

condición . . . . **condition**

conducción . . . . conduction

confección . . . . confection *(más común "manufacture")*

confederación . . . . confederation

confirmación . . . . confirmation

confiscación . . . . confiscation

conformación . . . . conformation

confrontación . . . . confrontation

congestión . . . . congestion

congregación . . . . congregation

conjugación . . . . conjugation

conjunción- . . . . conjunction

conmemoración . . . . commemoration

conmiseración . . . . commiseration

conmoción . . . . commotion

connotación . . . . connotation

conservación . . . . conservation

consideración . . . . consideration

consolación . . . . consolation

consolidación . . . . consolidation

constelación . . . . constellation

consternación . . . . consternation

constipación . . . . constipation *(significa "estreñimiento")*

constitución . . . . constitution

constricción . . . . constriction

construcción . . . . construction

consumación . . . . consummation

contaminación . . . . contamination *(más común "pollution")*

contemplación . . . . contemplation

contención . . . . contention *(más común "retention")*

continuación . . . . continuation

contracción . . . . contraction

contradicción . . . . contradiction
contribución . . . . contribution
contrición . . . . contrition
convención . . . . convention
conversación . . . . **conversation**
convicción . . . . conviction
cooperación . . . . cooperation
coordinación . . . . **coordination**
coproducción . . . . coproduction
coronación . . . . coronation
corporación . . . . corporation
corrección . . . . correction
correlación . . . . correlation
corrupción . . . . corruption
creación . . . . creation
cremación . . . . cremation
cristalización . . . . crystallization
cualificación . . . . qualification
cuantificación . . . . quantification
cuestión . . . . question *(significa "pregunta")*
culminación . . . . culmination

decapitación . . . . decapitation
decepción . . . . deception (significa "engaño")
declamación . . . . declamation
declaración . . . . declaration
declinación . . . . declination
decoración . . . . decoration
dedicación . . . . dedication
deducción . . . . deduction
definición . . . . **definition**
deformación . . . . deformation
degeneración . . . . degeneration
degradación . . . . degradation
delegación . . . . delegation
deliberación . . . . deliberation

delimitación . . . . delimitation

demarcación. . . . . demarcation

demolición . . . . demolition

demostración . . . . demonstration

denominación . . . . denomination

deportación . . . . deportation

depravación . . . . depravation

depreciación. . . . . depreciation

descalificación . . . . disqualification

descentralización . . . . decentralization

descomposición. . . . . decomposition

desconexión . . . . disconnection

descripción. . . . . description

deserción . . . . desertion

desesperación. . . . . desperation

desestabilización. . . . . destabilization

desforestación. . . . . deforestation

deshidratación . . . . dehydration

desintegración . . . . disintegration

desolación . . . . desolation

desorganización . . . . disorganization

desorientación . . . . disorientation

desproporción. . . . . disproportion

destilación . . . . distillation

destinación . . . . destination

destitución . . . . destitution *(significa "pobreza")*

destrucción . . . . **destruction**

desviación . . . . deviation

detención . . . . detention

determinación. . . . . determination

devastación . . . . devastation

devoción . . . . devotion

dicción. . . . . diction

difamación . . . . defamation

diferenciación. . . . . differentiation

digestión . . . . digestion

dirección . . . . **direction** *(para la casa,*
use "address")

discreción. . . . . discretion

discriminación. . . . . discrimination

disección . . . . dissection

disertación . . . . dissertation

disfunción. . . . . disfunction

disposición . . . . disposition

distinción . . . . distinction

distracción . . . . distraction

distribución. . . . . distribution

diversificación. . . . . diversification

documentación . . . . documentation

dominación . . . . domination

donación . . . . donation

dramatización. . . . . dramatization

duplicación. . . . . duplication

duración. . . . . duration

ecuación . . . . equation

edición . . . . **edition**

"Es una nueva edición". . . . . . **"It's a new edition."**

educación . . . . education *(para el comportamiento,*
use "manners")

ejecución . . . . execution

elaboración . . . . elaboration

elección . . . . election

electrocución. . . . . electrocution

elevación . . . . elevation

eliminación. . . . . elimination

elocución . . . . elocution

emancipación . . . . emancipation

embarcación. . . . . embarcation *(solamente para*
"abordaje")

emigración . . . . emigration

emoción . . . . **emotion**

emulación	emulation
encarnación	incarnation
entonación	intonation
enunciación	enunciation
erección	erection
erudición	erudition
erupción	eruption
especialización	specialization
especificación	specification
especulación	speculation
estabilización	stabilization
estación	**station**
esterilización	sterilization
estimulación	stimulation
estipulación	stipulation
evaluación	evaluation
evaporación	evaporation
evolución	evolution
exageración	**exaggeration**
examinación	examination *(también se usa para "examen")*
exasperación	exasperation
excavación	excavation
excepción	exception
exclamación	exclamation
excreción	excretion
exhibición	exhibition
exhortación	exhortation
expedición	expedition
exploración	exploration
exportación	exportation
exposición	exposition
extinción	extinction
extracción	extraction
extradición	extradition

fabricación . . . . fabrication *(más común "manufacturing")*

falsificación . . . . falsification

federación . . . . federation

fermentación. . . . . fermentation

fertilización. . . . . fertilization

ficción . . . . fiction

fijación . . . . fixation

filtración . . . . filtration

finalización . . . . finalization

fluctuación . . . . fluctuation

formación . . . . formation *(más común "training")*

formulación . . . . formulation

fosilización . . . . fossilization

fundación . . . . **foundation**

fracción . . . . fraction

fragmentación. . . . . fragmentation

fricción. . . . . friction

fruición . . . . fruition

frustración . . . . frustration

fumigación . . . . fumigation

función . . . . function

generación . . . . **generation**

   "Cada generación cambia". . . **"Every generation changes."**

generalización . . . . generalization

germinación . . . . germination

gestación . . . . gestation

globalización . . . . globalization

glorificación . . . . glorification

graduación. . . . . graduation

gratificación . . . . gratification *(significa "satisfacción personal")*

gravitación . . . . gravitation

habitación . . . . habitation *(para "el cuarto", use "room")*

humillación . . . . humiliation

identificación . . . . identification

iluminación. . . . . illumination

ilustración. . . . . illustration

imaginación . . . . imagination

imitación . . . . **imitation**

    "¡Es una mala imitación!" . . . **"It's a horrible imitation !"**

imperfección . . . . imperfection

implicación . . . . implication

importación . . . . importation

improvisación . . . . improvisation

inacción . . . . inaction

inauguración . . . . inauguration

incineración . . . . incineration

inclinación . . . . inclination

incriminación . . . . incrimination

incubación . . . . incubation

indignación . . . . indignation

indiscreción . . . . indiscretion

inducción . . . . induction

infatuación . . . . infatuation *(significa "enamoramiento")*

infección . . . . infection

infiltración . . . . infiltration

inflamación. . . . . inflamation

inflación . . . . inflation

información . . . . **information**

inhibición. . . . . inhibition

iniciación. . . . . initiation

inmigración . . . . immigration

innovación . . . . innovation

inquisición . . . . inquisition

inscripción . . . . inscription *(más común "enrollment,"
                                          "registration")*

inseminación. . . . . insemination

inserción . . . . insertion

inspección . . . . inspection

inspiración . . . . inspiration

instalación . . . . installation
institución . . . . institution
instrucción . . . . instruction
insurrección . . . . insurrection
integración . . . . integration
intención . . . . **intention**
intensificación . . . . intensification
interacción . . . . interaction
interceptación . . . . interception
interpretación . . . . interpretation
interrogación . . . . interrogation
interrupción . . . . interruption
intersección . . . . intersection
intervención . . . . intervention
intimidación . . . . intimidation
intoxicación . . . . intoxication *(significa "ebriedad")*
introducción . . . . introduction
introspección . . . . introspection
intuición . . . . intuition
inundación . . . . inundation
invención . . . . invention
investigación. . . . . investigation
invitación . . . . invitation
inyección . . . . injection
irrigación . . . . irrigation
irritación. . . . . irritation *(también se usa "rash")*

justificación . . . . justification

laminación . . . . lamination
legalización . . . . legalization
legislación . . . . legislation
levitación . . . . levitation
liberación. . . . . liberation
limitación . . . . limitation
liposucción . . . . liposuction

liquidación . . . . liquidation

litigación . . . . litigation

localización . . . . location

loción . . . . **lotion**

"No tenemos más loción". . . . **"We don't have any more lotion."**

locomoción . . . . locomotion

lubricación . . . . lubrication

maduración . . . . maturation

malformación . . . . malformation

malnutrición . . . . malnutrition

manifestación . . . . manifestation *(también se usa*
"public demonstration")

manipulación . . . . manipulation

masturbación . . . . masturbation

medicación . . . . medication

meditación . . . . meditation

memorización . . . . memorization

mención . . . . mention

menstruación. . . . . menstruation

migración . . . . migration

mitigación . . . . mitigation

moción . . . . motion *(significa "movimiento")*

moderación . . . . moderation

modificación. . . . . modification

modulación . . . . modulation

monopolización . . . . monopolization

motivación . . . . motivation

multiplicación . . . . multiplication

mutación . . . . mutation

nación . . . . **nation**

narración . . . . narration

navegación. . . . . navigation

negación . . . . negation

negociación . . . . negotiation

noción . . . . notion

nominación . . . . nomination

notación . . . . notation

nutrición . . . . nutrition

objeción . . . . objection

obligación . . . . obligation

observación . . . . observation

obstrucción . . . . obstruction

ocupación . . . . occupation

opción . . . . option

operación . . . . **operation**

"Ella necesita una operación". . . **"She needs an operation."**

oposición . . . . opposition

oración . . . . oration

organización . . . . organization

orientación . . . . orientation

ovulación . . . . ovulation

oxidación . . . . oxidation

paginación . . . . pagination

palpitación . . . . palpitation

partición . . . . partition

participación . . . . participation

penetración . . . . penetration

percepción . . . . perception

perfección . . . . perfection

perforación. . . . . perforation

perpetuación. . . . . perpetuation

persecución . . . . persecution

personalización. . . . . personalization

personificación . . . . personification

petición . . . . petition

población . . . . **population**

poción . . . . potion

polución. . . . . pollution

porción . . . . portion

posición . . . . position *(también significa "puesto de trabajo")*

"¿Cúal es su posición?" . . . . **"What is his/her position?"**

posproducción . . . . postproduction

postulación . . . . postulation

precaución . . . . precaution

precipitación. . . . . precipitation

precondición. . . . . precondition

predestinación . . . . predestination

predicción . . . . prediction

predilección . . . . predilection

predisposición . . . . predisposition

premeditación. . . . . premeditation

premonición . . . . premonition

preocupación . . . . **preoccupation**

preparación . . . . preparation

preposición. . . . . preposition

prescripción . . . . prescription

presentación . . . . presentation

preservación. . . . . preservation

presunción . . . . presumption

prevención . . . . prevention

privación . . . . privation

privatización. . . . . privatization

proclamación . . . . proclamation

procreación . . . . procreation

producción. . . . . production

prohibición. . . . . prohibition

proliferación . . . . proliferation

promoción . . . . promotion

pronunciación. . . . . pronunciation

proporción . . . . proportion

proposición . . . . proposition

prostitución. . . . . prostitution

protección . . . . protection

provocación . . . . provocation

proyección . . . . projection
publicación. . . . . publication
puntuación . . . . punctuation
purificación . . . . purification

ración . . . . ration
radiación . . . . radiation
ramificación . . . . ramification
reacción . . . . **reaction**
reactivación . . . . reactivation
realización . . . . realization *(significa "comprensión")*
recepción . . . . reception
recolección. . . . . recollection *(significa "recuerdo")*
recomendación . . . . recommendation
reconciliación . . . . reconciliation
recreación . . . . recreation
recriminación . . . . recrimination
recuperación . . . . recuperation
reducción . . . . reduction
reelección. . . . . reelection
reencarnación. . . . . reincarnation
reevaluación. . . . . reevaluation
reflexión. . . . . reflection
refracción . . . . refraction
refrigeración . . . . refrigeration
regulación . . . . regulation
rehabilitación . . . . rehabilitation
relación . . . . relation
relajación. . . . . relaxation
renovación . . . . renovation
reorganización . . . . reorganization
reparación . . . . reparation
repetición. . . . . repetition
reproducción . . . . reproduction
reputación . . . . **reputation**
"Él tiene una buena reputación". . ."**He has a good reputation.**"

reservación. . . . . reservation

resignación. . . . . resignation

resolución . . . . resolution

respiración . . . . respiration

restauración . . . . restoration

restitución. . . . . restitution

restricción. . . . . restriction

resurrección . . . . resurrection

retención . . . . retention

retracción . . . . retraction

retribución . . . . retribution

revelación. . . . . revelation

revolución . . . . **revolution**

rotación . . . . rotation

salvación . . . . salvation

sanción . . . . sanction

satisfacción . . . . **satisfaction**

    "Me da mucha satisfacción"... **"It gives me a lot of satisfaction."**

saturación. . . . . saturation

sección . . . . section

secreción . . . . secretion

sedación . . . . sedation

sedición . . . . sedition

seducción . . . . seduction

segmentación . . . . segmentation

segregación . . . . segregation

selección . . . . selection

sensación . . . . sensation

separación . . . . separation

simplificación . . . . simplification

simulación . . . . simulation

sincronización. . . . . synchronization

situación . . . . **situation**

sofisticación . . . . sophistication

solución . . . . **solution**

sublimación . . . . sublimation
subordinación . . . . subordination
superstición . . . . superstition
suposición . . . . supposition
sustitución. . . . . substitution
sustracción . . . . subtraction

tentación . . . . temptation
terminación . . . . termination
tradición . . . . **tradition**
"Es una antigua tradición". . . . **"It's an old tradition."**
transacción . . . . transaction
transcripción. . . . . transcription
transformación . . . . transformation
transición . . . . transition
trepidación. . . . . trepidation
tribulación . . . . tribulation

unificación . . . . unification

vacación . . . . vacation
vacilación . . . . vacillation
validación . . . . validation
variación . . . . variation
vegetación . . . . vegetation
veneración . . . . veneration
ventilación . . . . ventilation
verificación . . . . verification
vibración . . . . vibration
vindicación . . . . vindication
violación . . . . violation
visualización . . . . visualization
vocación . . . . vocation
vocalización. . . . . vocalization

yuxtaposición . . . . juxtaposition

7A.

Match associated words and/or synonyms.
Una las palabras que están relacionadas o que son sinónimos.

1. information   feeling
2. direction   country
3. station   party
4. nation   news
5. emotion   straight ahead
6. solution   train
7. celebration   result

7B.

Read the following story, and identify the cognates/ "true friends."
Lea el siguiente texto y subraye los cognados.

7C.

Listen to and read the story again, out loud, and answer the questions below in complete sentences.
Escuche y lea el cuento en voz alta. Responda las siguientes preguntas, usando oraciones completas.

At the station in Newport, John and Debbie see a sign for a big celebration in the main plaza for that night. They read the information and understand that this will be a big party. Debbie doesn't want to go because she doesn't feel well. John says, "Do this favor for me, please?" Debbie sees how much he wants to go and says, "Okay, let's go." John says, "What a great event, it's the perfect situation to get to know this beautiful city and its food!" Debbie's reaction is a bit more subdued. She says, "Yeah, we're in a good position here." At the end of the party, John's condition is much more sober. He says, "Debbie, I ate and drank too much—I need to go to bed!"

1. Where do they see the sign for the big celebration ?

2. How will the party be?

3. Why is this event important to John ?

4. How is Debbie's reaction ?

5. At the end of the party in what condition do we find John ?

-to/-ct

Muchas de las palabras que terminan en "-to" en español se corresponden con palabras que terminan en "-ct" en inglés.

Las palabras en inglés que terminan en "-ct" suelen ser adjetivos o sustantivos. Por ejemplo,

> a contact (n.) = *un contacto*
> direct (adj.) = *directo*; a direct route = *una ruta directa*

Todas las palabras que aparecen **en letra negrilla** *en este capítulo están incluidas en la* **Grabación 15.**

ESPAÑOL . . . . . . INGLÉS

abstracto . . . . abstract
acto. . . . . act
acueducto. . . . . aqueduct
adicto . . . . addict
adjunto . . . . adjunct
afecto . . . . affect
arquitecto. . . . . architect
artefacto. . . . . artifact
aspecto . . . . **aspect**

circunspecto . . . . circumspect
compacto . . . . compact
conflicto . . . . conflict
contacto . . . . **contact**
contrato . . . . **contract**
    "El contrato nuevo es mejor". . . **"The new contract is better."**
convicto . . . . convict
correcto . . . . **correct**

defecto . . . . defect
derelicto . . . . derelict
dialecto . . . . **dialect**
difunto . . . . defunct
directo . . . . **direct**
  "Es un vuelo directo". . . . . . . **"It's a direct flight."**
distinto . . . . distinct
distrito . . . . district

edicto . . . . edict
efecto . . . . effect
estricto . . . . strict
exacto . . . . exact
extinto . . . . extinct
extracto . . . . extract

impacto . . . . impact
imperfecto . . . . imperfect
incorrecto . . . . **incorrect**
  "La respuesta es incorrecta". . . **"The answer is incorrect."**
indirecto . . . . **indirect**
indistinto . . . . indistinct
inexacto . . . . inexact
insecto . . . . insect
instinto . . . . instinct
intacto . . . . intact
intelecto . . . . intellect

objeto . . . . object

pacto . . . . pact
perfecto . . . . perfect
prefecto . . . . prefect
producto . . . . product
prospecto . . . . prospect

proyecto . . . . project

recinto . . . . precinct

secta . . . . sect
selecto . . . . select
sucinto . . . . succinct
sujeto . . . . subject

tacto . . . . tact

veredicto . . . . verdict
viaducto . . . . viaduct

8A.

Match associated words and/or synonyms.
Una las palabras que están relacionadas o que son sinónimos.

1. correct   ideal
2. perfect   right
3. incorrect   part
4. dialect   fly
5. contract   language
6. aspect   wrong
7. insect   document

8B.

Read the following story, and identify the cognates/ "true friends.".
Lea el siguiente texto y subraye los cognados.

8C.

Listen to and read the story again, out loud, and answer the questions below in complete sentences.
Escuche y lea el cuento en voz alta. Responda las siguientes preguntas, usando oraciones completas.

Debbie asks John what else they plan on doing in Newport and John says, "Don't worry, I have a good contact here, his name is Alfie, and he will help us get around." After a few minutes at the station, Alfie comes to get them. He is very funny and has great respect for his friend John and his girlfriend Debbie. After a perfect dinner at Alfie's, Debbie asks him if he knows anything about the big dance coming up in Boston... Alfie responds, "We'll see..."

1. What is the second city they visit?

2. How long do they wait at the station?

3. What does Debbie ask John?

4. What is John's contact's name in Newport?

5. How was the dinner at Alfie's?

-dad/-ty

Muchas de las palabras que terminan en "-dad" en español se corresponden con palabras que terminan en "-ty" en inglés.

Las palabras en inglés que terminan en "-ty" suelen ser sustantivos. Por ejemplo,

the responsibility = *la responsabilidad*

Todas las palabras que aparecen en letra negrilla en este capítulo están incluidas en la Grabación 17.

ESPAÑOL . . . . . . INGLÉS

accesibilidad . . . . accessibility
aceptabilidad . . . . acceptability
actividad . . . . **activity**
actualidad . . . . actuality *(significa "realidad")*
adaptabilidad . . . . adaptability
admisibilidad . . . . admissibility
adversidad . . . . adversity
afinidad . . . . affinity
agilidad . . . . agility
agresividad . . . . aggressivity
alacridad . . . . alacrity
ambigüedad . . . . ambiguity
amenidad . . . . amenity
amoralidad . . . . amorality
animosidad . . . . animosity
anormalidad . . . . abnormality
ansiedad . . . . **anxiety**
  "Tienes demasiada ansiedad". . . . **"You have too much anxiety."**
antigüedad . . . . antiquity
anualidad . . . . annuity

aplicabilidad	applicability
artificialidad	artificiality
atrocidad	atrocity
austeridad	austerity
autenticidad	authenticity
autoridad	authority
banalidad	banality
barbaridad	barbarity
bisexualidad	bisexuality
brevedad	brevity
brutalidad	brutality
calamidad	calamity
calidad	**quality**
cantidad	**quantity**
capacidad	capacity
caridad	charity
castidad	chastity
cavidad	cavity (también se usa para "caries")
celebridad	**celebrity**

"Tom Cruise es una celebridad". . .**"Tom Cruise is a celebrity."**

centralidad	centrality
ciudad	city
claridad	clarity
colectividad	collectivity
comodidad	commodity *(significa "producto")*
comunidad	**community**
compatibilidad	compatibility
complejidad	complexity
complicidad	complicity
conformidad	conformity
continuidad	continuity
cordialidad	cordiality
corruptibilidad	corruptibility

creatividad . . . . **creativity**
credibilidad . . . . credibility
cristiandad . . . . Christianity
crueldad. . . . . cruelty
culpabilidad . . . . culpability
curiosidad . . . . **curiosity**

debilidad . . . . debility
deformidad. . . . . deformity
densidad . . . . density
deshonestidad. . . . . dishonesty
desigualdad . . . . inequality
*dificultad . . . . difficulty
dignidad . . . . dignity
disparidad . . . . disparity
diversidad . . . . diversity
divinidad . . . . divinity
divisibilidad . . . . divisibility
domesticidad . . . . domesticity
dualidad . . . . duality
duplicidad . . . . duplicity
durabilidad. . . . . durability

ecuanimidad. . . . . equanimity
elasticidad . . . . elasticity
electricidad. . . . . **electricity**
　"No hay electricidad". . . . . . **"There's no electricity."**
enfermedad . . . . **infirmity**
enormidad . . . . enormity
entidad . . . . entity
equidad . . . . equity
especialidad . . . . **speciality**
espiritualidad . . . . spirituality
espontaneidad . . . . spontaneity
estabilidad . . . . stability
esterilidad . . . . sterility

eternidad . . . . eternity

eventualidad. . . . . eventuality

exclusividad . . . . exclusivity

expresividad. . . . . expressivity

extremidad . . . . extremity

facilidad. . . . . facility *(también se usa para "edificio")*

facultad . . . . faculty *(también significa "cuerpo de profesores")*

falibilidad. . . . . fallibility

falsedad. . . . . falsity

familiaridad . . . . familiarity

fatalidad . . . . fatality *(solamente para "muerte")*

felicidad. . . . . felicity

feminidad. . . . . femininity

ferocidad . . . . ferocity

fertilidad . . . . fertility

festividad . . . . festivity

fidelidad. . . . . fidelity

finalidad . . . . finality *(significa "final"; para "objetivo" use "goal")*

flexibilidad . . . . **flexibility**
  "Es importante tener flexibilidad". . . . **"It's important to have flexibility."**

formalidad . . . . formality

fragilidad. . . . . fragility

fraternidad . . . . fraternity

frugalidad . . . . frugality

funcionalidad . . . . functionality

futilidad . . . . futility

generalidad . . . . generality

generosidad . . . . **generosity**

gobernabilidad . . . . governability

gratuidad . . . . gratuity

gravedad . . . . gravity

habilidad . . . . ability
heterosexualidad . . . . heterosexuality
hilaridad . . . . hilarity
hiperactividad . . . . hyperactivity
homosexualidad . . . . homosexuality
honestidad . . . . honesty
hospitalidad . . . . hospitality
hostilidad . . . . hostility
humanidad . . . . humanity
humedad . . . . humidity
humildad . . . . humility

identidad . . . . **identity**
igualdad . . . . equality
ilegalidad . . . . illegality
imparcialidad . . . . impartiality
impasibilidad . . . . impassivity
impermeabilidad . . . . impermeability
impiedad . . . . impiety
imposibilidad . . . . **impossibility**
improbabilidad . . . . improbability
impropiedad . . . . impropriety
inactividad . . . . inactivity
incapacidad . . . . incapacity
incompatibilidad . . . . incompatibility
inconformidad . . . . inconformity
incredulidad . . . . incredulity
indignidad . . . . indignity
individualidad . . . . individuality
inestabilidad . . . . instability
inevitabilidad . . . . inevitability
infalibilidad . . . . infallibility
inferioridad . . . . inferiority
infertilidad . . . . infertility

infidelidad . . . . infidelity
infinidad. . . . . infinity
inflexibilidad. . . . . inflexibility
informalidad . . . . informality
ingenuidad . . . . ingenuity *(significa "inteligencia creativa")*
iniquidad . . . . iniquity
inmensidad. . . . . immensity
inmortalidad . . . . immortality
inmunidad . . . . immunity
inseguridad . . . . insecurity
insensibilidad . . . . insensitivity
insinceridad . . . . insincerity
integridad. . . . . integrity
intensidad. . . . . **intensity**
intolerabilidad. . . . . intolerability
invariabilidad . . . . invariability
invisibilidad . . . . invisibility
invulnerabilidad . . . . invulnerability
irracionalidad . . . . irrationality
irregularidad. . . . . irregularity
irresponsabilidad. . . . . irresponsibility
*lealtad . . . . loyalty
legalidad . . . . legality
legibilidad . . . . legibility
*libertad . . . . liberty
localidad . . . . locality
longevidad . . . . longevity

magnanimidad . . . . magnanimity
maleabilidad . . . . malleability
marginalidad . . . . marginality
masculinidad . . . . masculinity
maternidad. . . . . maternity
mediocridad . . . . mediocrity
mentalidad . . . . mentality

modalidad . . . . modality

modernidad . . . . modernity

monstruosidad. . . . . monstrosity

moralidad. . . . . morality

mortalidad . . . . mortality

movilidad . . . . mobility

multiplicidad . . . . multiplicity

municipalidad. . . . . municipality

mutabilidad . . . . mutability

mutualidad . . . . mutuality

Navidad . . . . Nativity *(para la celebración, use "Christmas")*

necesidad. . . . . **necessity**

negatividad . . . . negativity

neutralidad. . . . . neutrality

normalidad. . . . . normality

notoriedad . . . . notoriety

novedad. . . . . novelty

obesidad . . . . obesity

objetividad . . . . objectivity

obscenidad. . . . . obscenity

oportunidad . . . . **opportunity**

originalidad . . . . originality

oscuridad . . . . obscurity

parcialidad. . . . . partiality

paridad . . . . parity

particularidad . . . . particularity

pasividad . . . . passivity

paternidad . . . . paternity

peculiaridad . . . . peculiarity

penalidad. . . . . penalty *(significa "castigo" o "pena")*

permeabilidad . . . . permeability

permisibilidad . . . . permissibility

perpetuidad . . . . perpetuity

perplejidad. . . . . perplexity

personalidad. . . . . **personality**

perversidad . . . . perversity

piedad. . . . . piety

plasticidad . . . . plasticity

pluralidad. . . . . plurality

polaridad. . . . . polarity

popularidad . . . . popularity

posibilidad . . . . **possibility**

    "Hay mucha posibilidad". . . . **"There's a lot of possibility."**

posteridad . . . . posterity

prioridad . . . . priority

probabilidad. . . . . probability

productividad . . . . productivity

profundidad . . . . profundity

promiscuidad . . . . promiscuity

propiedad . . . . property

prosperidad . . . . prosperity

proximidad. . . . . proximity

pubertad . . . . puberty

publicidad . . . . publicity *(también se usa "advertising")*

puntualidad . . . . punctuality

racionalidad. . . . . rationality

realidad. . . . . reality

regularidad. . . . . regularity

relatividad . . . . relativity

respetabilidad. . . . . respectability

responsabilidad. . . . . **responsibility**

    "¿De quién es la responsabilidad?" . . . **"Whose responsibility is it?"**

sanidad . . . . sanity *(significa "salud mental")*

seguridad. . . . . security

selectividad . . . . selectivity

senilidad . . . . senility

sensibilidad . . . . sensitivity *(también se usa "sensibility")*

sensualidad . . . . sensuality

serenidad . . . . serenity
severidad . . . . severity
sexualidad . . . . sexuality
similaridad . . . . similarity
simplicidad . . . . simplicity
sinceridad . . . . sincerity
singularidad . . . . singularity
sobriedad . . . . sobriety
sociedad . . . . society
solidaridad . . . . solidarity
solubilidad . . . . solubility
subjetividad . . . . subjectivity
superficialidad . . . . superficiality
superioridad . . . . superiority

temeridad . . . . temerity
temporalidad . . . . temporality
tenacidad . . . . tenacity
tonalidad . . . . tonality
totalidad . . . . totality
tranquilidad . . . . tranquility
trinidad . . . . trinity
trivialidad . . . . triviality

ubicuidad . . . . ubiquity
unidad . . . . unity
uniformidad . . . . uniformity
universalidad . . . . universality
universidad . . . . **university**
  "Es una buena universidad" . . . . **"It's a good university."**
utilidad . . . . utility (también se usa para
                                         "servicios públicos")

vanidad . . . . vanity
variabilidad . . . . variability
variedad . . . . variety

vecindad . . . . vicinity

velocidad . . . . velocity

verdad . . . . verity *(más común "truth")*

versatilidad . . . . versatility

viabilidad . . . . viability

virginidad . . . . virginity

virilidad . . . . virility

virtualidad . . . . virtuality

viscosidad . . . . viscosity

visibilidad . . . . **visibility**

vitalidad . . . . vitality

vivacidad . . . . vivacity

volatilidad . . . . volatility

voracidad . . . . voracity

vulgaridad . . . . vulgarity

vulnerabilidad . . . . vulnerability

*Unas palabras terminan en –tad (no –dad) en español

9A.

Match associated words and/or synonyms.

Una las palabras que están relacionadas o que son sinónimos.

1. quality	excellence
2. creativity	light
3. personality	abundance
4. university	art
5. quantity	character
6. electricity	infinite
7. eternity	professor

9B.

Read the following story, and underline the cognates/ "true friends."

Lea el siguiente texto y subraye los cognados.

9C.

Listen to and read the story again, out loud, and answer the questions below in complete sentences.

Escuche y lea el cuento en voz alta. Responda las siguientes preguntas, usando oraciones completas.

The next city for John and Debbie is Boston. Alfie and his girlfriend go with them. Debbie is very excited, she says that Boston is a city with a lot of creativity and activity. John comments that he really likes the personality of this place. They don't have much difficulty navigating all of the streets and parks. Boston is a beautiful city and they stay there for four days. One day Debbie thinks she sees a celebrity, Antonio Banderas, but John says that this is impossible because Banderas is filming something in Switzerland. John likes Boston so much that he

says, "Debbie, I have a question... could we live here someday?" Debbie responds, "Yes, there are a lot of possibilities for us here. We'll see..."

1. What does Debbie say about Boston?

2. What does John like about this city?

3. Do they have difficulty getting around in Boston?

4. Did Debbie see a celebrity?

5. Does Debbie want to live in Boston one day? What does she say?

-encia/-ence

Muchas de las palabras que terminan en "-encia" en español se corresponden con palabras que terminan en "-ence" en inglés.

Las palabras en inglés que terminan en "-ence" suelen ser sustantivos. Por ejemplo,

a difference (n.) = *una diferencia*

ESPAÑOL . . . . . . INGLÉS

*Todas las palabras que aparecen **en letra negrilla** en este capítulo están incluidas en la **Grabación 19**.*

abstinencia . . . . abstinence
adherencia . . . . adherence
adolescencia . . . . adolescence
ambivalencia . . . . ambivalence
antiviolencia . . . . antiviolence
audiencia . . . . audience
ausencia . . . . **absence**

beneficencia . . . . beneficence
benevolencia . . . . benevolence

cadencia . . . . cadence
ciencia . . . . **science**
circunferencia . . . . circumference
coexistencia . . . . coexistence
coherencia . . . . coherence
coincidencia . . . . **coincidence**
    "¡Qué coincidencia!" . . . . . . **"What a coincidence!"**
competencia . . . . competence *(significa "abilidad")*

complacencia . . . . complacence

conciencia . . . . conscience

condescendencia. . . . . condescendence

condolencia . . . . condolence

conferencia. . . . . **conference**

confidencia. . . . . confidence *(significa "seguridad en sí mismo")*

confluencia. . . . . confluence

congruencia . . . . congruence

consecuencia. . . . . **consequence**

consistencia . . . . consistence

continencia. . . . . continence

convalecencia. . . . . convalescence

conveniencia. . . . . convenience

convergencia . . . . convergence

corpulencia. . . . . corpulence

correspondencia . . . . correspondence

decadencia. . . . . decadence

deferencia . . . . deference

dependencia. . . . . dependence

desobediencia . . . . disobedience

diferencia . . . . **difference**

"La diferencia es notable". . . . **"The difference is significant."**

diligencia. . . . . diligence

disidencia. . . . . dissidence

divergencia . . . . divergence

efervescencia . . . . effervescence

elocuencia . . . . eloquence

emergencia. . . . . emergence *(significa "emerger")*

eminencia. . . . . eminence

equivalencia . . . . equivalence

esencia . . . . essence

evidencia . . . . evidence

excelencia . . . . excellence

INGLÉS INSTANTÁNEO

existencia . . . . existence
experiencia . . . . **experience**

frecuencia . . . . frequence *(más común "frequency")*

impaciencia . . . . **impatience**
impertinencia . . . . impertinence
impotencia . . . . impotence
imprudencia . . . . imprudence
incandescencia . . . . incandescence
incidencia . . . . incidence *(significa "incidente")*
incoherencia . . . . incoherence
incompetencia . . . . incompetence
incongruencia . . . . incongruence
inconsecuencia . . . . inconsequence
inconsistencia . . . . inconsistence
incontinencia . . . . incontinence
inconveniencia . . . . inconvenience
independencia . . . . independence
indiferencia . . . . **indifference**
    "Odio la indiferencia" . . . . . . **"I hate indifference."**
indigencia . . . . indigence
indolencia . . . . indolence
indulgencia . . . . indulgence
inexistencia . . . . inexistence
inexperiencia . . . . inexperience
inferencia . . . . inference
influencia . . . . **influence**
infrecuencia . . . . infrequence
inminencia . . . . imminence
inocencia . . . . **innocence**
insistencia . . . . insistence
insolencia . . . . insolence
inteligencia . . . . **intelligence**
interdependencia . . . . interdependence
interferencia . . . . interference

intransigencia . . . . intransigence

irreverencia . . . . irreverence

jurisprudencia . . . . jurisprudence

licencia . . . . license

luminiscencia . . . . luminescence

magnificencia . . . . magnificence

malevolencia . . . . malevolence

negligencia . . . . negligence

neurociencia . . . . neuroscience

obediencia . . . . obedience

obsolescencia . . . . obsolescence

ocurrencia . . . . occurrence *(solamente para "incidente")*

omnipotencia . . . . omnipotence

omnipresencia . . . . omnipresence

opulencia . . . . opulence

paciencia . . . . **patience**

"Pedro tiene poca paciencia" . . . . **"Pedro has little patience."**

penitencia . . . . penitence

permanencia . . . . permanence

persistencia . . . . persistence

pertinencia . . . . pertinence

pestilencia . . . . pestilence

precedencia . . . . precedence

preeminencia . . . . preeminence

preexistencia . . . . preexistence

preferencia . . . . **preference**

presencia . . . . **presence**

prominencia . . . . prominence

providencia . . . . providence

prudencia . . . . prudence

quintaesencia . . . . quintessence

referencia. . . . . reference
reminiscencia . . . . reminiscence
residencia. . . . . **residence**
    "Es una residencia impresionante". . . . **"It's an impressive residence."**
reticencia . . . . reticence
reverencia . . . . reverence

secuencia . . . . **sequence**
sentencia . . . . sentence *(también se usa para "frase")*
somnolencia . . . . somnolence
subsistencia . . . . subsistence
suculencia . . . . succulence

teleconferencia . . . . teleconference
transcendencia . . . . transcendence
transferencia. . . . . transference
trasparencia . . . . transparence
truculencia . . . . truculence
turbulencia . . . . turbulence

vehemencia . . . . vehemence
videoconferencia. . . . . videoconference
violencia. . . . . **violence**
virulencia . . . . virulence

10A.

Match associated words and/or synonyms.
Una las palabras que están relacionadas o que son sinónimos.

1. patience   fingerprints
2. conference   meeting
3. residence   war
4. difference   freedom
5. violence   home
6. evidence   wait
7. independence   uneven

10B.

Read the following story, and identify the cognates/ "true friends."
Lea el siguiente texto y subraye los cognados.

10C.

Listen to and read the story again, out loud, and answer the questions below in complete sentences.
Escuche y lea el cuento en voz alta. Responda las siguientes preguntas, usando oraciones completas.

The next day in Boston Alfie says to Debbie, "What a coincidence! My girlfriend and I are going to that dance tomorrow night, do you want to come?" The following day Debbie is very happy and she says to John, "You see, my persistence did help!" John is very happy for Debbie and he thinks that the dance will be a good experience. Unfortunately, John has neither much patience nor much interest for the dance. He tries to hide his indifference. John says to Debbie, "I'm sorry for my impatience, but...the dance is terrible!" After four days with Alfie in Boston, John and Debbie go to Providence.

1. What does Alfie say about the dance?

2. According to Debbie, what helped her?

3. What expectations does John have for the dance?

4. In the end, does he like the dance?

5. Why does John apologize?

-ente/-ent

Muchas de las palabras que terminan en "-ente" en español se corresponden con palabras que terminan en "-ent" en inglés.

*Excepto las adverbios que terminan en -mente

Las palabras en inglés que terminan en "-ent" suelen ser adjetivos o sustantivos. Por ejemplo,

innocent (adj.) = *inocente*
a client (n.) = *un/una cliente*

*Todas las palabras que aparecen **en letra negrilla** en este capítulo están incluidas en la **Grabación 21**.*

ESPAÑOL . . . . . . INGLÉS

absorbente . . . . absorbent
accidente . . . . accident
adherente . . . . adherent
adolescente . . . . adolescent
adyacente . . . . adjacent
agente . . . . **agent**
ambiente . . . . ambient *(más común "environment")*
ambivalente . . . . ambivalent
antecedente . . . . antecedent
aparente . . . . apparent
ardiente . . . . ardent
astringente . . . . astringent
ausente . . . . absent

benevolente . . . . benevolent

cliente . . . . **client**
  "Michael no tiene clientes". . . **"Michael has no clients."**

cociente . . . . quotient

coeficiente . . . . coefficient

coexistente . . . . coexistent

coherente . . . . coherent

competente . . . . **competent**

complaciente . . . . complacent *(significa "satisfecho")*

componente . . . . component

concupiscente . . . . concupiscent

concurrente . . . . concurrent

confidente . . . . confident *(significa "seguro de sí mismo")*

congruente . . . . congruent

consiguiente . . . . consequent

consistente . . . . consistent *(significa "coherente")*

constituyente . . . . constituent

continente . . . . **continent**

contingente . . . . contingent

convalesciente . . . . convalescent

conveniente . . . . convenient

convergente . . . . convergent

copresidente . . . . copresident

correspondiente . . . . correspondent

corriente . . . . current

creciente . . . . crescent

decadente . . . . decadent

decente . . . . decent

deficiente . . . . deficient

delincuente . . . . delinquent

dependiente . . . . dependent *(solamente adjetivo)*

descendiente . . . . descendent

desobediente . . . . disobedient

detergente . . . . detergent

diferente . . . . **different**

   "Quiero algo diferente". . . . . . **"I want something different."**

diligente . . . . diligent

disidente . . . . dissident

disolvente . . . . dissolvent
divergente . . . . divergent

efervescente . . . . effervescent
eficiente . . . . efficient
elocuente . . . . eloquent
emergente . . . . emergent
eminente . . . . eminent
equivalente . . . . equivalent
estridente . . . . strident
evanescente . . . . evanescent
evidente . . . . evident
excelente . . . . excellent
exigente . . . . exigent
existente . . . . existent
exponente . . . . exponent

ferviente . . . . fervent
fluorescente . . . . fluorescent
fosforescente . . . . phosphorescent
frecuente . . . . **frequent**

impaciente . . . . **impatient**
　　"Chuck es muy impaciente" . . . . **"Chuck is very impatient."**
impertinente . . . . impertinent
impotente . . . . impotent
imprudente . . . . imprudent
impudente . . . . impudent
incandescente . . . . incandescent
incidente . . . . incident
incipiente . . . . incipient
incoherente . . . . incoherent
incompetente . . . . incompetent
incongruente . . . . incongruent
inconsistente . . . . inconsistent
incontinente . . . . incontinent

inconveniente . . . . inconvenient *(significa "incómodo")*

indecente . . . . indecent

independiente . . . . independent

indiferente . . . . **indifferent**

indigente . . . . indigent

indolente . . . . indolent

indulgente . . . . indulgent

ineficiente . . . . inefficient

inexistente . . . . inexistent

infrecuente . . . . infrequent

ingrediente . . . . **ingredient**

inherente . . . . inherent

inminente . . . . imminent

inocente . . . . **innocent**

insistente . . . . insistent

insolente . . . . insolent

insolvente . . . . insolvent

insuficiente . . . . insufficient

insurgente . . . . insurgent

inteligente . . . . **intelligent**

    "Paul es muy inteligente" . . . . . **"Paul is very intelligent."**

interdependiente . . . . interdependent

intermitente . . . . intermittent

intransigente . . . . intransigent

iridiscente . . . . iridescent

irreverente . . . . irreverent

latente . . . . latent

luminiscente . . . . luminescent

magnificente . . . . magnificent *(también se usa*
para "magnífico")

munificente . . . . munificent

naciente . . . . nascent

negligente . . . . negligent

nutriente . . . . nutrient

obediente . . . . obedient
occidente . . . . occident
omnipotente . . . . omnipotent
omnipresente . . . . omnipresent
omnisciente . . . . omniscient
oriente . . . . orient

paciente . . . . **patient**
pariente . . . . parent *(significa "padre" o "madre",
no "familiar")*

patente . . . . patent
penitente . . . . penitent
permanente . . . . **permanent**
persistente . . . . persistent
pertinente . . . . pertinent
pestilente . . . . pestilent
potente . . . . potent
precedente . . . . precedent
preeminente . . . . preeminent
preexistente . . . . preexistent
presente . . . . **present** *(tambien se usa para "regalo")*
presidente . . . . **president**
    "Hay un nuevo presidente". . . **"There's a new president."**
prominente . . . . prominent

reciente . . . . recent
recipiente . . . . recipient *(solamente para "persona")*
recurrente . . . . recurrent
redolente . . . . redolent
repelente . . . . repellent
residente . . . . resident
reticente . . . . reticent
reverente . . . . reverent

serpiente . . . . serpent

silente . . . . silent *(significa "silencioso")*

solvente . . . . solvent

subsiguiente . . . . subsequent

suficiente . . . . sufficient

superintendente . . . . superintendent

tangente . . . . **tangent**

torrente . . . . torrent

transparente . . . . transparent

trascendente . . . . transcendent

tridente . . . . trident

urgente . . . . **urgent**

vehemente . . . . vehement

vicepresidente . . . . vice-president

11A.

Match associated words and/or synonyms.

Una las palabras que están relacionadas o que son sinónimos.

1. permanent   obvious
2. recent   boss
3. different   current
4. president   new
5. evident   inhabitant
6. resident   set
7. present   distinct

11B.

Read the following story, and identify the cognates/ "true friends."

Lea el siguiente texto y subraye los cognados.

11C.

Listen to and read the story again, out loud, and answer the questions below in complete sentences.

Escuche y lea el cuento en voz alta. Responda las siguientes preguntas, usando oraciones completas.

When they arrive in Providence, Debbie calls her mother and receives an urgent message: she absolutely must visit her cousin there. Her cousin, Danny, is the president of a medical company. John asks, "Describe your cousin...what is he like?" Debbie responds, "Okay, my cousin is...different...he is a very competent doctor and very, very intelligent, but he is a bit strange." John wants to know why he is so 'different.' Debbie responds, "You'll see..."

1. What type of message does Debbie receive?

2. Danny is the president of what?

3. What does Debbie say about her cousin?

4. According to Debbie, is Danny smart?

5. What does John want to know at the end?

-gía/-gy

Muchas de las palabras que terminan en "-gía" en español se corresponden con palabras que terminan en "-gy" en inglés.

Las palabras en inglés que terminan en "-gy" suelen ser sustantivos. Por ejemplo,

the energy (n.) = *la energía*

*Todas las palabras que aparecen en **letra negrilla** en este capítulo están incluidas en la **Grabación 23**.*

ESPAÑOL . . . . . . INGLÉS

alergia . . . . allergy
analogía . . . . analogy
anestesiología . . . . anesthesiology
antología . . . . anthology
antropología . . . . anthropology
arqueología . . . . archeology
astrología . . . . astrology
audiología . . . . audiology

biología . . . . **biology**
biotecnología . . . . biotechnology

cardiología . . . . cardiology
climatología . . . . climatology
cosmetología . . . . cosmetology
cosmología . . . . cosmology
criminología . . . . criminology
criptología . . . . cryptology
cronología . . . . **chronology**

dermatología . . . . dermatology

ecología. . . . . ecology
egiptología. . . . . Egyptology
elegía . . . . elegy
endocrinología . . . . endocrinology
energía . . . . **energía**
    "Necesitamos energía". . . . . . **"We need energy."**
epidemiología. . . . . epidemiology
estrategia . . . . strategy
etimología . . . . etymology
etnología . . . . ethnology

farmacología . . . . pharmacology
filología . . . . philology
fisiología . . . . physiology
fonología . . . . phonology
fraseología . . . . phraseology
. . . .
gastroenterología . . . . gastroenterology
genealogía. . . . . genealogy
geología. . . . . **geology**
gerontología. . . . . gerontology
ginecología . . . . gynecology

hidrología. . . . . hydrology

ideología . . . . **ideology**

liturgia . . . . liturgy

meteorología . . . . **meteorology**
metodología . . . . methodology
microbiología . . . . microbiology
mineralogía . . . . mineralogy
mitología . . . . **mythology**

morfología . . . . morphology
musicología . . . . musicology

neurobiología . . . . neurobiology
neurología . . . . neurology
numerología . . . . numerology
oftalmología . . . . ophthalmology
oncología. . . . . oncology
ontología . . . . ontology
orgía . . . . orgy

paleontología . . . . paleontology
parasicología . . . . parapsychology
patología . . . . pathology
pedagogía . . . . pedagogy
proctología. . . . . proctology
psicología. . . . . **psychology**
    "Ella estudia psicología". . . . . **"She studies psychology."**

radiología. . . . . **radiology**
reumatología . . . . rheumatology

sinergia . . . . synergy
sismología . . . . seismology
sociología. . . . . sociology

tecnología. . . . . **technology**
teología . . . . theology
terminología . . . . terminology
tipología. . . . . typology
topología . . . . topology
toxicología . . . . toxicology
trilogía . . . . **trilogy**

urología . . . . urology
zoología. . . . . zoology

12A.

Match associated words and/or synonyms.
Una las palabras que están relacionadas o que son sinónimos.

1. biology   history
2. radiology life
3. technology three
4. trilogy   plan
5. strategy   computer
6. chronology X rays
7. geology   rocks

12B.

Read the following story, and identify the cognates/ "true friends."
Lea el siguiente texto y subraye los cognados.

12C.

Listen to and read the story again, out loud, and answer the questions below in complete sentences.
Escuche y lea el cuento en voz alta. Responda las siguientes preguntas, usando oraciones completas.

At nine in the morning John and Debbie go to Danny's. He lives in the city and he is a very nice man with a lot of energy. Suddenly he says, "Good morning guys, do you have any allergies to coffee?" They say no and they all have coffee together. Danny randomly starts talking about new technology and he asks John if he studies radiology. John says that he has never studied radiology, but he took one year of biology. Danny asks Debbie if she studies psychology, when she says "no" Danny says, "So, you study meteorology?" Debbie looks at John and he immediately understands what 'different' means.

1. Is Danny lazy or energetic?

2. Are they allergic to coffee?

3. What does Danny talk about?

4. Does John study radiology?

5. Does Debbie study psychology?

-ico/-ic

Muchas de las palabras que terminan en "-ico" en español se corresponden con palabras que terminan en "-ic" en inglés.

Las palabras en inglés que terminan en "-ic" suelen ser adjetivos. Por ejemplo,

a <u>drastic</u> situation = *una situación <u>drástica</u>*

ESPAÑOL . . . . . . INGLÉS

*Todas las palabras que aparecen **en letra negrilla** en este capítulo están incluidas en la **Grabación 25.***

académico . . . . academic
acrobático . . . . acrobatic
acróstico . . . . acrostic
acrílico. . . . . acrylic
acústico . . . . acoustic
Adriático . . . . Adriatic
aeróbico . . . . aerobic
aerodinámico . . . . aerodynamic
aeronáutico . . . . aeronautic
acuático. . . . . aquatic
agnóstico . . . . agnostic
alcohólico. . . . . **alcoholic**
   "Es un trago alcohólico". . . . . **"It's an alcoholic drink."**
alérgico . . . . **allergic**
alfabético. . . . . alphabetic
algebráico . . . . algebraic
altruístico . . . . altruistic
anabólico. . . . . anabolic
analítico. . . . . analytic
anárquico. . . . . anarchic

anatómico . . . . anatomic

anémico . . . . anemic

anestésico . . . . anesthetic

angélico . . . . angelic *(también se usa para "angelical")*

anoréxico . . . . anorexic

antagónico . . . . antagonistic

antártico . . . . antarctic

antibiótico . . . . antibiotic

antidemocrático . . . . antidemocratic

antisemítico . . . . anti-Semitic

antiséptico . . . . antiseptic

apologético . . . . apologetic

arcáico . . . . archaic

aristocrático . . . . aristocratic

aritmético . . . . arithmetic *(también se usa para "aritmética")*

armónico . . . . harmonic

aromático . . . . aromatic

ártico . . . . arctic

artístico . . . . **artistic**

artrítico . . . . arthritic

asimétrico . . . . asymmetric

asmático . . . . asthmatic

astronómico . . . . astronomic

ateístico . . . . atheistic

ático . . . . attic

Atlántico . . . . Atlantic

atlético . . . . **athletic**

atmosférico . . . . atmospheric

atómico . . . . atomic

auténtico . . . . **authentic**

"La comida es auténtica" . . . . . **"The food is authentic."**

autístico . . . . autistic

autobiográfico . . . . autobiographic

autocrático . . . . autocratic

automático . . . . automatic
balístico . . . . ballistic
balsámico . . . . balsamic
báltico . . . . Baltic
barbárico . . . . barbaric *(también se usa para "bárbaro")*
barométrico . . . . barometric
básico . . . . basic
biográfico . . . . biographic
botánico . . . . botanic
bubónico . . . . bubonic
bucólico . . . . bucolic
burocrático . . . . bureaucratic

caótico . . . . chaotic
calisténico . . . . calisthenic
característico . . . . characteristic
carismático . . . . charismatic
catártico . . . . cathartic
catastrófico . . . . catastrophic
catatónico . . . . catatonic
católico . . . . **Catholic**
cáustico . . . . caustic
céltico . . . . celtic
cerámico . . . . ceramic *(también se usa para "cerámica")*
científico . . . . **scientific**
cilíndrico . . . . cylindric
cinético . . . . kinetic
cínico . . . . cynic
cítrico . . . . citric
cívico civic
clásico . . . . **classic**
    "Es un libro clásico" . . . . **"It's a classic book."**
climático . . . . climatic
colérico . . . . choleric

cólico. . . . . colic

cómico. . . . . comic *(también se usa para "comediante")*

concéntrico. . . . . concentric

cosmético. . . . . cosmetic

cósmico . . . . cosmic

críptico. . . . . cryptic

crítico. . . . . critic *(solamente sustantivo)*

crónico. . . . . chronic

cronológico . . . . chronologic

cúbico . . . . cubic

democrático . . . . **democratic**

demográfico. . . . . demographic

despótico . . . . despotic

diabético . . . . diabetic

diabólico . . . . diabolic

diagnóstico. . . . . diagnostic

didáctico . . . . didactic

dietético. . . . . dietetic

dinámico . . . . dynamic

diplomático. . . . . diplomatic

disléxico. . . . . dyslexic

diurético. . . . . diuretic

dogmático . . . . dogmatic

doméstico. . . . . **domestic** *(también se usa para "nacional")*

dórico . . . . doric

dramático. . . . . dramatic

drástico . . . . **drastic**

"La situación no es drástica". . .**"The situation is not drastic."**

ecléctico. . . . . eclectic

eclesiástico. . . . . ecclesiastic

económico . . . . economic

egocéntrico. . . . . egocentric

elástico	elastic
eléctrico	electric
electromagnético	electromagnetic
electrónico	**electronic**
emblemático	emblematic
enérgico	energetic
enfático	emphatic
enigmático	enigmatic
entusiástico	enthusiastic
épico	epic
epiléptico	epileptic
erótico	erotic
errático	erratic
escénico	scenic
escéptico	skeptic
escolástico	scholastic
esotérico	esoteric
espasmódico	spasmodic
específico	**specific**
esporádico	sporadic
esquemático	schematic
esquizofrénico	schizophrenic
estadístico	statistic
estático	static
estético	aesthetic
estilístico	stylistic
estoico	stoic
estratégico	**strategic**
ético	ethic
étnico	ethnic
etnocéntrico	ethnocentric
eufórico	euphoric
evangélico	evangelic
excéntrico	eccentric
exótico	**exotic**
extático	ecstatic

fálico . . . . phallic
fanático . . . . fanatic
fantástico . . . . **fantastic**
filantrópico . . . . philanthropic
filosófico . . . . philosophic
fóbico . . . . phobic
folclórico . . . . folkloric
fólico . . . . folic
fonético . . . . phonetic
forénsico . . . . forensic
fotogénico . . . . photogenic
fotográfico . . . . photographic
frenético . . . . frenetic

galáctico . . . . galactic
gástrico . . . . gastric
gastrónomico . . . . gastronomic
genérico . . . . generic
genético . . . . genetic
geográfico . . . . geographic
geológico . . . . geologic
geométrico . . . . geometric
geriátrico . . . . geriatric
germánico . . . . germanic
gimnástico . . . . gymnastic
gótico . . . . gothic
gráfico . . . . graphic

hedonístico . . . . hedonistic
hemisférico . . . . hemispheric
hemofílico . . . . hemophiliac
herético . . . . heretic
heroico . . . . **heroic**
  "Fue una acción heroica". . . . **"It was a heroic action."**
hidráulico . . . . hydraulic

higiénico . . . . hygienic
hiperbólico . . . . hyperbolic
hipnótico . . . . hypnotic
hipodérmico . . . . hypodermic
hispánico . . . . Hispanic *(también se usa para "hispano")*
histérico . . . . hysteric
histórico . . . . **historic**
histriónico . . . . histrionic
holístico . . . . holistic
homeopático . . . . homeopathic
homérico . . . . homeric

ideológico . . . . ideologic
idílico . . . . idyllic
idiomático . . . . idiomatic
ilógico . . . . illogic *(más común "illogical")*
iónico . . . . ionic
irónico . . . . **ironic**
    "Es una situación irónica". . . . **"It's an ironic situation."**
islámico . . . . Islamic
isométrico . . . . isometric
itálico . . . . italic

jeroglífico . . . . hieroglyphic
jurásico . . . . Jurassic

lacónico . . . . laconic
letárgico . . . . lethargic
lingüístico . . . . linguistic
lírico . . . . lyric *(más común "lyrical")*
litográfico . . . . lithographic
lógico . . . . logic *(solamente sustantivo)*
logístico . . . . logistic
lunático . . . . lunatic

macroeconómico. . . . . macroeconomic

mágico . . . . magic *(solamente sustantivo)*

magnético . . . . magnetic

maniaco. . . . . maniac

matemático. . . . . mathematic *(más común "mathematical")*

mecánico . . . . mechanic *(solamente sustantivo)*

médico. . . . . medic *(solamente sustantivo)*

melódico . . . . melodic

melodramático . . . . melodramatic

metabólico . . . . metabolic

metafísico. . . . . metaphysic

metálico. . . . . metallic

metalingüístico . . . . metalinguistic

metafórico . . . . metaphoric

meteórico . . . . meteoric

metódico . . . . methodic

métrico. . . . . **metric**

microeconómico . . . . microeconomic

microscópico. . . . . **microscopic**

misantrópico. . . . . misanthropic

místico . . . . mystic

mítico. . . . . mythic

monopolístico . . . . monopolistic

mosaico . . . . mosaic

multiétnico . . . . multiethnic

músico . . . . music *(significa "música")*

napoleónico . . . . napoleonic

narcótico . . . . narcotic

neurológico . . . . neurologic

neurótico . . . . neurotic

nórdico . . . . Nordic

nostálgico. . . . . **nostalgic**

numérico . . . . numeric

oceánico . . . . oceanic

olímpico	Olympic
onomatopéyico	onomatopoeic
óptico	optic
orgánico	organic
orgásmico	orgasmic
ortopédico	orthopedic

pacífico	pacific
paleozoico	Paleozoic
pánico	**panic**
panorámico	panoramic
parasítico	parasitic
patético	**pathetic**
patológico	pathologic
patriótico	**patriotic**

"El público es muy patriótico".. . . **"The people are very patriotic."**

pediátrico.	pediatric
periódico	periodic *(solamente adjetivo, para el sustantivo use "newspaper")*
plástico	plastic
platónico	platonic
pneumático.	pneumatic (solamente adjetivo)
poético.	**poetic**
polémico	polemic
pornográfico.	pornographic
pragmático.	pragmatic
prehistórico.	prehistoric
problemático.	problematic
profético.	prophetic
profiláctico	prophylactic
prolífico	prolific
prosaico.	prosaic
protésico	prosthetic
psicodélico	psychedelic
psicopático.	psychopathic
psicótico.	psychotic

psiquiátrico.	psychiatric
psíquico	psychic
púbico	pubic
público.	public (solamente adjetivo)
repúblico	republic (significa "república")
retórico	rhetoric
reumático	rheumatic
rítmico	rhythmic
robótico	robotic
romántico.	**romantic**

 "Es una ciudad romántica". . . **"It's a romantic city."**

rústico	rustic
sádico	sadistic
sarcástico	**sarcastic**
sardónico.	sardonic
satánico	satanic
satírico.	satiric
semántico.	semantic
semiautomático	semiautomatic
semiótico	semiotic
séptico.	septic
simbólico	**symbolic**

 "Es un regalo simbólico". . . . . **"It's a symbolic gift."**

simétrico.	symmetric
sintético	synthetic
sintomático.	symptomatic
sistemático	systematic
sociolingüístico	sociolinguistic
sónico	sonic
soporífico.	soporific
subatómico.	subatomic
supersónico	supersonic
telegénico.	telegenic

telegráfico . . . . telegraphic
telepático . . . . telepathic
telescópico . . . . telescopic
temático . . . . thematic
teórico . . . . theoretic
terapeútico . . . . therapeutic
terrífico . . . . terrific *(significa "fantástico")*
titánico . . . . titanic
tónico . . . . tonic
tópico . . . . topic
tóxico . . . . toxic
tráfico . . . . traffic
trágico . . . . tragic
traumático . . . . traumatic
trópico . . . . tropic
turístico . . . . touristic

ultrasónico . . . . ultrasonic

volcánico . . . . volcanic

13A.

Match associated words and/or synonyms.
Una las palabras que están relacionadas o que son sinónimos.

1. pragmatic practical
2. traffic   details
3. authentic love
4. specífic   cars
5. electronic timeless
6. classic   stereo
7. romantic true

13B.

Read the following story, and identify the cognates/ "true friends."
Lea el siguiente texto y subraye los cognados.

13C.

Listen to and read the story again, out loud, and answer the questions
below in complete sentences.
Escuche y lea el cuento en voz alta. Responda las siguientes preguntas,
usando oraciones completas.

After two days in Providence, John and Debbie decide to go to Atlanta for a few days. During the day they go to a few art museums and at night they see how alive Atlanta is. There isn't a specific reason, but they think Atlanta is a fantastic city. John drives a rented car, but there is a lot of traffic! Debbie says that this is not a strategic plan. In Atlanta there is always a lot of traffic in the summer. She says, "The train is better, and... it's not very romantic to spend a vacation in a car." John responds, "We'll see..."

1. What is the problem when John is driving?

2. Why does Debbie say that the train is better?

3. What types of museums do they visit?

4. Is Atlanta an 'alive' or 'dead' city?

5. What type of city is Atlanta?

Muchas de las palabras que terminan en "-ido" en español se corresponden con palabras que terminan en "-id" en inglés.

Las palabras en inglés que terminan en "-id" suelen ser adjetivos. Por ejemplo,

a splendid plan = un plan espléndido

Todas las palabras que aparecen en letra negrilla en este capítulo están incluidas en la Grabación 27.

ESPAÑOL . . . . . . INGLÉS

ácido . . . . acid
antiácido . . . . antacid
árido . . . . arid
ávido . . . . avid

cándido . . . . candid *(significa "franco," "directo")*
cupido . . . . cupid

escuálido . . . . **squalid**
espléndido . . . . **splendid**
    "El tiene un plan espléndido".. . **"He has a splendid plan."**
estúpido . . . . **stupid**

férvido . . . . fervid
flácido . . . . flaccid
florido . . . . florid
fluido . . . . fluid
frígido . . . . frigid

híbrido. . . . . hybrid

insípido . . . . insipid
intrépido . . . . intrepid
inválido . . . . invalid

lánguido. . . . . languid
líquido . . . . **liquid**
lívido . . . . livid
lúcido. . . . . lucid

mórbido . . . . morbid

pálido . . . . pallid
plácido . . . . placid
pútrido. . . . . putrid

rápido . . . . **rapid**
rígido. . . . . **rigid**

sólido. . . . . solid
sórdido . . . . sordid

tímido . . . . **timid**
   "Mateo es muy tímido". . . . . . **"Matt is very timid."**
tórrido . . . . torrid

válido . . . . valid
vívido. . . . . vivid

14A.

Match associated words and/or synonyms.

Una las palabras que están relacionadas o que son sinónimos.

1. rapid	marvelous
2. timid	lemon
3. stupid	speed
4. acid	shy
5. frigid	dry
6. arid	ice cream
7. splendid	idiot

14B.

Read the following story, and identify the cognates/ "true friends."

Lea el siguiente texto y subraye los cognados.

14C.

Listen to and read the story again, out loud, and answer the questions below in complete sentences.

Escuche y lea el cuento en voz alta. Responda las siguientes preguntas, usando oraciones completas.

In order to go to Miami, John and Debbie decide to rent another car. Debbie says that it's a stupid plan, but John thinks it's a splendid idea! Debbie says, "But in Atlanta, the trip wasn't exactly... rapid!" John says that he prefers to drive when it is hot. During the trip it's quite humid and all of a sudden John turns very pallid and he has a stomach ache. Debbie doesn't say anything and she goes to a pharmacy and buys some antacid for John. The pharmacist says that he must drink plenty of liquids and not eat any food with acid.

1. What does Debbie say about going to Miami by car?

2. What does John think about his idea?

3. What is the temperature like during the trip?

4. When John gets sick, what does Debbie buy for him?

5. What does the pharmacist say he should do?

-ismo/-ism

Muchas de las palabras que terminan en "-ismo" en español se corresponden con palabras que terminan en "-ism" en inglés.

Las palabras en inglés que terminan en "-ism" suelen ser sustantivos. Por ejemplo,

optimism (n.) = *el optimismo*

Todas las palabras que aparecen en letra negrilla en este capítulo están incluidas en la Grabación 29.

ESPAÑOL . . . . . . INGLÉS

absentismo . . . . absenteeism
absolutismo. . . . . absolutism
activismo . . . . activism
alcoholismo . . . . **alcoholism**
altruismo . . . . altruism
americanismo . . . . americanism
amorfismo . . . . amorphism
anacronismo. . . . . anachronism
anarquismo . . . . anarchism
anglicismo . . . . anglicism
antagonismo. . . . . antagonism
anticapitalismo . . . . anticapitalism
anticomunismo . . . . anticommunism
antifascismo . . . . **antifascism**
   "Había mucho antifascismo". . . **"There was a lot of anti-fascism."**
antisemitismo . . . . anti-Semitism
antiterrorismo . . . . antiterrorism
astigmatismo. . . . . astigmatism
ateísmo . . . . atheism

atletismo . . . . **athleticism** *(solamente para "habilidad física")*

autismo . . . . autism

bautismo . . . . baptism
bipolarismo . . . . bipolarism
botulismo . . . . botulism
budismo . . . . Buddhism

canibalismo . . . . cannibalism
capitalismo . . . . capitalism
   "El capitalismo viene de América". . . **"Capitalism comes from America."**
catecismo . . . . catechism
catolicismo . . . . Catholicism
centralismo . . . . centralism
chovinismo . . . . chauvinism
cinismo . . . . cynicism
clasicismo . . . . classicism
colonialismo . . . . colonialism
comunismo . . . . **communism**
conformismo . . . . conformism
conservatismo . . . . conservatism
criticismo . . . . criticism *(también se usa para "crítica")*
cubismo . . . . cubism

darwinismo . . . . darwinism
deísmo . . . . deism
despotismo . . . . despotism
determinismo . . . . determinism
dogmatismo . . . . dogmatism
dualismo . . . . dualism

egoísmo . . . . egoism
egotismo . . . . egotism
elitismo . . . . elitism

erotismo . . . . eroticism

espiritualismo . . . . spiritualism

estalinismo . . . . stalinism

estoicismo . . . . stoicism

estructuralismo . . . . structuralism

eufemismo . . . . euphemism

evangelismo . . . . evangelism

evolucionismo . . . . evolutionism

exorcismo . . . . exorcism

expresionismo . . . . expressionism

extremismo . . . . extremism

fanatismo . . . . fanaticism

fascismo . . . . **fascism**
    "No me gusta el fascismo". . . **"I don't like fascism."**

fatalismo . . . . fatalism

favoritismo . . . . favoritism

federalismo . . . . federalism

feminismo . . . . **feminism**

feudalismo . . . . feudalism

freudismo . . . . freudianism

fundamentalismo . . . . fundamentalism

futurismo . . . . futurism

globalismo . . . . globalism

hedonismo . . . . hedonism

heroísmo . . . . heroism

hinduismo . . . . hinduism

hipnotismo . . . . hypnotism

humanismo . . . . humanism

humanitarismo . . . . humanitarianism

idealismo . . . . idealism

imperialismo . . . . imperialism

impresionismo . . . . **impressionism**

individualismo. . . . . individualism

italianismo . . . . italianism

judaismo . . . . judaism

latinismo. . . . . latinism

lesbianismo. . . . . lesbianism

liberalismo . . . . liberalism

localismo . . . . localism

magnetismo . . . . magnetism

marxismo . . . . marxism

materialismo . . . . materialism

mecanismo . . . . **mechanism**

metabolismo . . . . metabolism

microorganismo . . . . microorganism

minimalismo . . . . minimalism

modernismo . . . . modernism

monoteísmo . . . . monotheism

multiculturalismo . . . . multiculturalism

nacionalismo. . . . . **nationalism**

   "Hay mucho nacionalismo". . . **"There is a lot of nationalism."**

naturalismo. . . . . naturalism

nazismo . . . . nazism

negativismo . . . . negativism

neofascismo . . . . neofascism

neologismo. . . . . neologism

neonazismo . . . . neo-nazism

neorrealismo. . . . . neorealism

nepotismo. . . . . nepotism

nudismo . . . . nudism

objetivismo. . . . . objectivism

ocultismo . . . . occultism

oportunismo . . . . opportunism

optimismo. . . . . **optimism**

　　"El optimismo ayuda siempre". . . **"Optimism always
　　　　　　　　　　　　　　　　　　helps."**

organismo . . . . **organism**

paganismo . . . . paganism

paralelismo. . . . . parallelism

pasivismo . . . . passivism

patriotismo . . . . patriotism

pesimismo . . . . pessimism

pluralismo. . . . . pluralism

politeísmo. . . . . polytheism

populismo. . . . . populism

positivismo . . . . positivism

posmodernismo. . . . . postmodernism

pragmatismo. . . . . pragmatism

primitivismo . . . . primitivism

profesionalismo. . . . . **professionalism**

proteccionismo . . . . protectionism

protestantismo. . . . . Protestantism

provincialismo. . . . . provincialism

purismo . . . . purism

puritanismo. . . . . Puritanism

racionalismo. . . . . rationalism

racismo . . . . **racism**

radicalismo. . . . . radicalism

realismo. . . . . realism

reformismo . . . . reformism

regionalismo. . . . . regionalism

relativismo . . . . relativism

romanticismo . . . . romanticism

sadismo . . . . sadism

satanismo. . . . . satanism

sensacionalismo . . . . sensationalism

Chapter 15

sensualismo . . . . sensualism

separatismo . . . . separatism

sexismo . . . . sexism

silogismo . . . . syllogism

simbolismo . . . . symbolism

sincronismo. . . . . synchronism

socialismo. . . . . **socialism**

surrealismo . . . . surrealism

terrorismo. . . . . **terrorism**

    "El terrorismo no tiene sentido".   "Terrorism is senseless."

totalitarismo . . . . totalitarianism

tradicionalismo . . . . traditionalism

trascendentalismo . . . . transcendentalism

traumatismo . . . . traumatism

truismo. . . . . truism

turismo. . . . . **tourism**

utilitarismo . . . . utilitarianism

vandalismo. . . . . vandalism

vegetarianismo . . . . vegetarianism

voyerismo. . . . . voyeurism

15A.

Match associated words and/or synonyms.

Una las palabras que están relacionadas o que son sinónimos.

1. tourism	Olympics
2. communism	nation
3. patriotism	Karl Marx
4. athletism	commentary
5. terrorism	positive
6. optimism	bomb
7. criticism	vacation

15B.

Read the following story, and identify the cognates/ "true friends."

Lea el siguiente texto y subraye los cognados.

15C.

Listen to and read the story again, out loud, and answer the questions below in complete sentences.

Escuche y lea el cuento en voz alta. Responda las siguientes preguntas, usando oraciones completas.

After the first day in Miami, John feels better. There is a lot of tourism and Hispanic history in Miami but they decide to relax for a few days on the beach. Debbie buys a book of Cuban history and reads about the influence of communism and socialism in Cuba. They talk about Cuban history and Debbie asks John what he thinks about capitalism. John says, "Debbie, this is all very interesting, but...let's get some ice cream instead!"

1. Is there a lot of tourism in Miami?

2. What type of history is there in Miami?

3. Debbie also reads about the influence of what in Cuba?

4. What do they talk about?

5. What does John say in the end?

Capítulo 16

-ista/-ist

Muchas de las palabras que terminan en "-ista" en español se corresponden con palabras que terminan en "-ist" en inglés.

Las palabras en inglés que terminan en "-ist" suelen ser sustantivos. Por ejemplo,

an artist = *un/una artista*

*Todas las palabras que aparecen **en letra negrilla** en este capítulo están incluidas en la **Grabación 31**.*

ESPAÑOL . . . . . . INGLÉS

abolicionista . . . . abolitionist
activista . . . . activist
acupunturista. . . . . acupuncturist
aislacionista . . . . isolationist
alquimista. . . . . alchemist
altruista . . . . altruist
analista . . . . analyst
anarquista . . . . anarchist
anatomista . . . . anatomist
antagonista. . . . . antagonist
anticomunista . . . . anticommunist
antifascista . . . . antifascist
arpista . . . . harpist
artista . . . . **artist**
   "Ese artista es creativo". . . . . **"That artist is creative."**
ateísta . . . . atheist *(también se usa para "ateo")*
aventurista . . . . adventurist

bautista . . . . Baptist

botanista . . . . botanist
budista. . . . . Buddhist

capitalista . . . . **capitalist**
caricaturista . . . . caricaturist
centralista. . . . . centralist
chovinista . . . . chauvinist
ciclista . . . . cyclist
columnista . . . . columnist
comunista . . . . **communist**
conformista. . . . . conformist
conservacionista . . . . conservationist
contorsionista . . . . contortionist
cubista. . . . . cubist

dentista . . . . **dentist**
    "Su hijo es un dentista". . . . . **"Her son is a dentist."**
dualista . . . . dualist
duelista . . . . duelist

ecologista. . . . . ecologist
economista . . . . economist
egoísta. . . . . egoist
egotista . . . . egotist
elitista . . . . elitist
ensayista . . . . essayist
especialista. . . . . specialist
estalinista . . . . stalinist
estilista. . . . . stylist
evangelista . . . . evangelist
exhibicionista . . . . exhibitionist
existencialista . . . . existentialist
expansionista . . . . expansionist
expresionista. . . . . expressionist
extremista. . . . . extremist

fascista . . . . fascist
fatalista . . . . fatalist
federalista . . . . federalist
feminista . . . . feminist
finalista . . . . **finalist**
flautista . . . . flutist
florista . . . . **florist**
formalista . . . . formalist
fundamentalista . . . . fundamentalist
futurista . . . . futurist

geneticista . . . . geneticist
guitarrista . . . . **guitarist**
   "Carlos Santana es un gran guitarrista".
                          "Carlos Santana is a great guitarist."

hedonista . . . . hedonist
higienista . . . . hygienist
humanista . . . . humanist
humorista . . . . humorist

idealista . . . . **idealist**
ilusionista . . . . illusionist
imperialista . . . . imperialist
impresionista . . . . impressionist
individualista . . . . individualist
internista . . . . internist

jurista . . . . jurist

latinista . . . . latinist
leninista . . . . Leninist
lingüista . . . . linguist
lista . . . . **list**
   "Ella tiene una lista de preguntas". . . . **"She has a list of questions."**

manicurista . . . . manicurist
maquinista . . . . machinist
marxista . . . . Marxist
masoquista . . . . masochist
materialista . . . . materialist
metodista . . . . Methodist
minimalista . . . . **minimalist**
modernista . . . . modernist
monopolista . . . . monopolist
moralista . . . . moralist
motorista . . . . motorist
muralista . . . . muralist

narcisista . . . . narcissist
nacionalista . . . . nationalist
naturalista . . . . naturalist
novelista . . . . novelist
nudista . . . . nudist
nutricionista . . . . **nutritionist**

oportunista . . . . opportunist
optimista . . . . **optimist**
organista . . . . organist
ortodoncista . . . . orthodontist

pacifista . . . . pacifist
perfeccionista . . . . perfectionist
pesimista . . . . **pessimist**
pianista . . . . **pianist**
   "Quisiera ser pianista" . . . . . . **"He wants to be a pianist."**
pluralista . . . . pluralist
populista . . . . populist
positivista . . . . positivist
pragmatista . . . . pragmatist
prohibicionista . . . . prohibitionist
protagonista . . . . protagonist

proteccionista	protectionist
publicista	publicist
purista	purist

racionalista	rationalist
racista	**racist**
realista	**realist**
recepcionista	receptionist
reformista	reformist
reservista	reservist

sadomasoquista	sadomasochist
satanista	satanist
satirista	satirist
secesionista	secessionist
semifinalista	semifinalist
separatista	separatist
sexista	sexist
simbolista	symbolist
socialista	socialist
solista	soloist
surrealista	surrealist

terrorista	**terrorist**
tradicionalista	traditionalist
turista	**tourist**

"En España, soy turista". . . . . **"In Spain, I'm a tourist."**

violinista	violinist
violoncelista	cellist
vocalista	vocalist

16A.

Match associated words and/or synonyms.
Una las palabras que están relacionadas o que son sinónimos.

1. artist	money
2. dentist	passport
3. tourist	champion
4. pessimist	singer
5. idealist	positive
6. finalist	tooth
7. capitalist	negative

16B.

Read the following story, and identify the cognates/ "true friends."
Lea el siguiente texto y subraye los cognados.

16C.

Listen to and read the story again, out loud, and answer the questions below in complete sentences.
Escuche y lea el cuento en voz alta. Responda las siguientes preguntas, usando oraciones completas.

Destination: Key Largo! While John and Debbie tour around Key Largo they meet a couple from Mexico. The guy is a dentist and the girl is an artist. Their new friends are "professional" tourists: They travel a lot, and they know a lot about Key Largo. Debbie has a list of questions and the dentist can give an answer to every one. They are very intelligent but they are a strange couple: The girl is an optimist, while the guy is a pessimist. She is an idealist and he is a realist. The dentist says to John and Debbie "Do you want to go to Naples with us?" John responds, "We'll see..."

1. What is their new (male) friend's profession?

2. Do John and Debbie's new friends travel often?

3. What does Debbie have a list of?

4. What is the dentist like?

5. What is the artist like?

-ivo/-ive

Muchas de las palabras que terminan en "-ivo" en español se corresponden con palabras que terminan en "-ive" en inglés.

Las palabras en inglés que terminan en "-ive" suelen ser adjetivos. Por ejemplo,

a <u>competitive</u> boy = *un niño <u>competitivo</u>*

ESPAÑOL	INGLÉS

*Todas las palabras que aparecen **en letra negrilla** en este capítulo están incluidas en la **Grabación 33**.*

abortivo	abortive
abrasivo	abrasive
abusivo	abusive
activo	**active**
"No es un volcán activo".	**"It's not an active volcano."**
acumulativo	cumulative
acusativo	accusative
adhesivo	adhesive
adictivo	addictive
aditivo	additive
adjetivo	**adjective**
administrativo	administrative
adoptivo	adoptive
afectivo	affective
afirmativo	affirmative
agresivo	**aggressive**
alternativo	alternative
alusivo	allusive
anticorrosivo	anticorrosive

apositivo . . . . appositive

aprensivo . . . . apprehensive

archivo. . . . . archive

asertivo . . . . assertive

asociativo. . . . . associative

atractivo. . . . . attractive

atributivo . . . . attributive

aumentativo . . . . augmentative

autoritativo . . . . authoritative *(también se usa para "autoritario")*

cautivo. . . . . captive

coactivo . . . . coactive

cognitivo . . . . cognitive

cohesivo. . . . . cohesive

colaborativo . . . . collaborative

colectivo. . . . . collective

combativo . . . . combative

comparativo . . . . comparative

competitivo. . . . . competitive

"Los niños son tan competitivos". . . .**"The kids are so competitive."**

comprensivo . . . . comprehensive *(significa "completo")*

compulsivo . . . . compulsive

comunicativo. . . . . communicative

conclusivo. . . . . conclusive

conductivo . . . . conductive

conflictivo. . . . . conflictive

conmemorativo . . . . commemorative

consecutivo. . . . . consecutive

conservativo . . . . conservative *(también se usa para "conservador")*

constructivo. . . . . constructive

contemplativo . . . . contemplative

contributivo. . . . . contributive

convulsivo. . . . . convulsive

cooperativo. . . . . cooperative

coordinativo . . . . coordinative
correctivo . . . . corrective
corrosivo . . . . corrosive
corruptivo . . . . corruptive
creativo . . . . **creative**
cualitativo . . . . qualitative
cuantitativo . . . . quantitative
curativo . . . . curative
cursivo . . . . cursive

dativo . . . . dative
decisivo . . . . decisive
declarativo . . . . declarative
decorativo . . . . decorative
deductivo . . . . deductive
defensivo . . . . defensive
definitivo . . . . **definitive**
   "Es un plan definitivo" . . . . . . **"It's a definitive plan."**
degenerativo . . . . degenerative
deliberativo . . . . deliberative
demostrativo . . . . demonstrative
denominativo . . . . denominative
depresivo . . . . depressive
derivativo . . . . derivative
descriptivo . . . . descriptive
destructivo . . . . **destructive**
determinativo . . . . determinative
difusivo . . . . diffusive
digestivo . . . . digestive
diminutivo . . . . diminutive
directivo . . . . directive
distintivo . . . . distinctive
distributivo . . . . distributive
divisivo . . . . divisive

educativo . . . . educative

efectivo . . . . effective *(significa "eficaz")*

ejecutivo . . . . **executive**

electivo . . . . elective

elusivo . . . . elusive

emotivo . . . . emotive *(más común "emotional")*

erosivo . . . . erosive

especulativo . . . . speculative

evasivo . . . . evasive

evocativo . . . . evocative

excesivo . . . . **excessive**

exclusivo . . . . exclusive

exhaustivo . . . . exhaustive

expansivo . . . . expansive

explicativo . . . . explicative

explorativo . . . . explorative *(también se usa para "exploratorio")*

explosivo . . . . explosive

expresivo . . . . expressive

extensivo . . . . extensive

festivo . . . . festive *(significa "alegre")*

figurativo . . . . figurative

formativo . . . . formative

fugitivo . . . . fugitive

furtivo . . . . furtive

generativo . . . . generative

hiperactivo . . . . hyperactive

iluminativo . . . . illuminative

ilustrativo . . . . illustrative

imaginativo . . . . **imaginative**

"¡Qué plan tan imaginativo!" . . **"What an imaginative plan!"**

imitativo . . . . imitative

imperativo . . . . imperative

implosivo . . . . implosive

improductivo. . . . . unproductive

impulsivo . . . . impulsive

inactivo . . . . inactive

incentivo. . . . . incentive

incisivo. . . . . incisive

indicativo . . . . indicative

infinitivo . . . . infinitive

informativo . . . . informative

inofensivo. . . . . inoffensive

inquisitivo. . . . . inquisitive

instintivo. . . . . instinctive

instructivo . . . . instructive

intensivo. . . . . intensive

interactivo . . . . **interactive**

interpretativo. . . . . interpretative

interrogativo . . . . interrogative

intransitivo . . . . intransitive

introspectivo . . . . introspective

intuitivo . . . . intuitive

inventivo. . . . . inventive

legislativo. . . . . legislative

lucrativo . . . . lucrative

masivo. . . . . massive

motivo . . . . motive

multiplicativo. . . . . multiplicative

narrativo . . . . narrative

nativo . . . . native

negativo. . . . . **negative**

   "¡No seas tan negativo!" . . . . **"Don't be so negative!"**

nominativo . . . . nominative

objetivo . . . . **objective**

obsesivo. . . . . obsessive

ofensivo . . . . **offensive**

olivo . . . . olive *(significa "aceituna")*

operativo . . . . operative

opresivo . . . . oppressive

partitivo . . . . partitive

pasivo . . . . passive

pensativo . . . . pensive

perceptivo . . . . perceptive

permisivo . . . . permissive

persuasivo . . . . persuasive

peyorativo . . . . pejorative

posesivo . . . . **possessive**

positivo . . . . **positive**

preceptivo . . . . prescriptive

preparativo . . . . preparative

presuntivo . . . . presumptive

preventivo . . . . preventive

primitivo . . . . **primitive**

productivo . . . . **productive**

progresivo . . . . progressive

prohibitivo . . . . prohibitive

prospectivo . . . . prospective

provocativo . . . . provocative

punitivo . . . . punitive

. . . .

radiactivo . . . . radioactive

reactivo . . . . reactive

receptivo . . . . receptive

recesivo . . . . recessive

recreativo . . . . recreative

reflexivo . . . . reflexive

regresivo . . . . regressive

relativo . . . . relative *(también se usa para "pariente")*

repetitivo . . . . **repetitive**

"Es un ejercicio repetitivo".. . . **"It's a repetitive exercise."**

representativo . . . . representative *(también se usa para "representante")*

repulsivo. . . . . repulsive

represivo . . . . repressive

reproductivo . . . . reproductive

respectivo. . . . . respective

restaurativo. . . . . restorative

restrictivo . . . . restrictive

retentivo. . . . . retentive

retroactivo . . . . retroactive

retrospectivo . . . . retrospective

sedativo . . . . sedative

seductivo . . . . seductive *(también se usa para "seductor")*

selectivo . . . . **selective**

sensitivo . . . . sensitive *(significa "sensible")*

subjetivo. . . . . **subjective**

subjuntivo- . . . . subjunctive

subversivo . . . . subversive

sucesivo . . . . successive

sugestivo . . . . suggestive *(también se usa para "provocativo")*

superlativo . . . . superlative

tentativo . . . . tentative

transitivo . . . . transitive

vegetativo. . . . . vegetative

votivo. . . . . votive

17A.

Match associated words and/or synonyms.
Una las palabras que están relacionadas o que son sinónimos.

1. creative   pessimist
2. consecutive   optimist
3. negative   imaginative
4. positive   following
5. competitive   cause
6. productive   winner
7. motive   efficient

17B.

Read the following story, and identify the cognates/ "true friends."
Lea el siguiente texto y subraye los cognados.

17C.

Listen to and read the story again, out loud, and answer the questions
below in complete sentences.
Escuche y lea el cuento en voz alta. Responda las siguientes preguntas,
usando oraciones completas.

John finds Key Largo to be absolutely fascinating. He had heard some negative things about Key Largo, but he sees a creative and productive city. Debbie, too, has a positive impression of Key Largo. Before leaving, John wants to go see the town where his grandfather was born. "A good motive for going there," Debbie says. They go to Apalachicola, a tiny town that is barely active but very welcoming. They spend two days there.

1. What had John heard about Key Largo?

2. What does John think about Key Largo?

3. What is Debbie's impression of Key Largo?

4. What is the tiny town of Apalachicola like?

5. How many days do they spend there?

-mento/-ment

Muchas de las palabras que terminan en "-mento" en español se corresponden con palabras que terminan en "-ment" en inglés.

*Muchas de las palabras que terminan en –miento siguen el mismo patrón. Abajo hay una lista.

Las palabras en inglés que terminan en "-ment" suelen ser sustantivos. Por ejemplo,

a monument = *un monumento*

*Todas las palabras que aparecen **en letra negrilla** en este capítulo están incluidas en la **Grabación 35**.*

ESPAÑOL . . . . . . INGLÉS

apartamento . . . . **apartment**
  "¡Qué apartamento tan bonito!". . . **"What a beautiful apartment."**
  argumento . . . . argument *(significa "discusión")*
  armamento . . . . armament

cemento . . . . **cement**
  compartimento . . . . compartment
  complemento . . . . complement
  condimento . . . . condiment

departamento . . . . **department** *(solamente para una*
                            división del gobierno o de una empresa)
  "Busco el Departamento de Español".
  . . . . **"I'm looking for the Spanish Department."**
  detrimento . . . . detriment
  documento . . . . document

elemento	**element**
excremento.	excrement
experimento	experiment
fermento.	ferment *(solamente verbo)*
filamento	filament
firmamento	firmament
fragmento.	**fragment**
impedimento.	impediment
implemento.	implement
incremento	increment
instrumento.	**instrument**
lamento	lament
ligamento	ligament
microelemento.	microelement
momento	**moment**
"Un momento, por favor". . . .	**"One moment, please."**
monumento.	**monument**
ornamento	**ornament**
parlamento	parliament
pavimento	pavement
pigmento	pigment
rudimento.	rudiment
sacramento.	sacrament
sedimento.	sediment
segmento	**segment**
suplemento	supplement
temperamento.	temperament

testamento . . . . testament

tormento. . . . . torment

*Muchas de las palabras que terminan en "-miento" se corresponden con palabras que terminan en "-ment." A continuación, diecisiete (17) de las palabras más usadas que siguen este patrón:

1. comportamiento--comportment
2. discernimiento--discernment
3. encantamiento--enchantment
4. enriquecimiento--enrichment
5. entretenimiento--entertainment
6. equipamiento--equipment
7. establecimiento--establishment
8. mandamiento--commandment
9. movimiento--movement
10. presentimiento--presentiment
11. reclutamiento--recruitment
12. refinamiento--refinement
13. regimiento--regiment
14. requerimiento--requirement
15. resentimiento--resentment
16. sentimiento--sentiment
17. tratamiento--treatment

18A.

Match associated words and/or synonyms.

Una las palabras que están relacionadas o que son sinónimos.

1. instrument   medicine
2. apartment   paper
3. moment   rent
4. documen   instant
5. treatment   guitar
6. segment   heroes
7. monument   part

18B.

Read the following story, and identify the cognates/ "true friends."

Lea el siguiente texto y subraye los cognados.

18C.

Listen to and read the story again, out loud, and answer the questions below in complete sentences.

Escuche y lea el cuento en voz alta. Responda las siguientes preguntas, usando oraciones completas.

On their way back North, the discussion is whether they should go to Tuscaloosa, Alabama or not. Debbie's uncle lives there and he has an apartment for them. He is a professor in the Department of Economics and Finance at the University of Alabama. The problem is that he always has some comments about their behavior. He is very formal and he never gives a compliment. John doesn't want to go because he thinks it will be a bore. Debbie says, "Come on John, do me this favor and afterwards we'll go wherever you want." For a moment John would like to say no, but in the end he says, "Okay honey, lets go to Alabama!"

1. What do they talk about on their way North?

2. Where does Debbie's uncle live?

3. What does Debbie's uncle do for a living?

4. Why doesn't John want to go to Alabama?

5. In the end, do they decide to go to Tuscaloosa or not?

Capítulo 19

Muchas de las palabras que terminan en "-or" en español tienen la misma terminación en inglés.

Las palabras en inglés que terminan en "-or" suelen ser sustantivos. Por ejemplo,

> a motor = *un motor*

*Todas las palabras que aparecen **en letra negrilla** en este capítulo están incluidas en la **Grabación 37**.*

ESPAÑOL . . . . . . INGLÉS

acelerador . . . . accelerator

actor . . . . **actor**

   "Es buen actor". . . . . **"He's a good actor."**

acumulador . . . . accumulator *(solamente para "acumular")*

adaptador . . . . adaptor

administrador . . . . administrator

agitador . . . . agitator

agresor . . . . aggressor

aligátor . . . . alligator *(también se usa para "caimán")*

alternador . . . . alternator

animador . . . . animator

anterior . . . . anterior

aplicador . . . . applicator

ardor . . . . ardor

aspirador . . . . aspirator *(solamente para medicina)*

asesor . . . . assessor *(más común "consultant")*

auditor . . . . auditor

autor . . . . **author**

aviador . . . . aviator

benefactor . . . . benefactor

calculador . . . . calculator
calibrador . . . . calibrator
candor . . . . candor *(significa "franqueza")*
cantor . . . . cantor
carburador . . . . carburator
cautivador . . . . captivator
censor . . . . censor
clamor . . . . clamor
coeditor . . . . co-editor
colaborador . . . . collaborator
coleccionador . . . . collector
color . . . . **color**
    "Qué color tan bonito" . . . . . . **"What a nice color."**
comentador . . . . commentator
competidor . . . . competitor
comunicador . . . . communicator
cóndor . . . . condor
conductor . . . . conductor *(también se usa para "director")*
conectador . . . . connector
confesor . . . . confessor
conquistador . . . . conquistador
constructor . . . . constructor
contaminador . . . . contaminator
contribuidor . . . . contributor
cooperador . . . . cooperator
coordinador . . . . coordinator
corrector . . . . corrector
corruptor . . . . corruptor
creador . . . . **creator**
cultivador . . . . cultivator
cursor . . . . cursor

decorador . . . . decorator
denominador . . . . denominator
depredador . . . . predator
deshonor . . . . dishonor
detonador . . . . detonator
detractor . . . . detractor
deudor . . . . debtor
devastador . . . . devastator
dictador . . . . **dictator**
director . . . . **director**
distribuidor . . . . distributor
divisor . . . . divisor
doctor . . . . **doctor**
dolor . . . . dolor *(más común "pain")*
donador . . . . donor

ecuador . . . . equator
editor . . . . editor
educador . . . . educator
elector . . . . elector
elevador . . . . elevator
embajador . . . . ambassador
emperador . . . . emperor
error . . . . **error**
    "Es un gran error". . . . . **"It's a big error."**
escultor . . . . sculptor
espectador . . . . spectator
especulador . . . . speculator
esplendor . . . . splendor
estupor . . . . stupor
excavador . . . . excavator
exterior . . . . **exterior**
exterminador . . . . exterminator
extractor . . . . extractor

facilitador . . . . facilitator

factor	factor
favor	**favor**
fervor	fervor
fumigador	fumigator
furor	furor

generador	generator
gladiador	gladiator
gobernador	governor

honor	honor
horror	**horror**
humor	humor *(para estado de ánimo, use "mood")*

iluminador	illuminator
ilustrador	illustrator
imitador	imitator
impostor	impostor
improvisador	improvisor
incinerador	incinerator
indicador	indicator
inferior	**inferior**
iniciador	initiator
innovador	**innovator**
inspector	inspector
instigador	instigator
instructor	instructor
interceptor	interceptor
interior	**interior**
interlocutor	interlocutor
interrogador	interrogator
interruptor	interruptor *(más común "switch")*
inventor	**inventor**
"Thomas Edison .	**"Thomas Edison**
fue un inventor"	**was an inventor."**

investigador . . . . investigator

laminador. . . . . laminator
legislador. . . . . legislator
libertador . . . . liberator
licor. . . . . liquor
liquidador. . . . . liquidator

manipulador . . . . manipulator
matador . . . . matador
mayor . . . . major *(más común " bigger," "older")*
mediador . . . . mediator
menor . . . . minor
mentor . . . . mentor
mitigador . . . . mitigator
moderador . . . . moderator
monitor . . . . monitor
motor. . . . . **motor**
multicolor . . . . multicolor

narrador. . . . . narrator
navegador . . . . navigator *(también se usa para "navegante")*
negociador. . . . . negotiator

olor . . . . **odor** *(más común "scent")*
operador . . . . operator
opresor . . . . oppressor
orador . . . . orator

pastor . . . . pastor
perseguidor . . . . persecutor
poseedor . . . . possessor
posterior. . . . . posterior
preceptor . . . . preceptor
precursor . . . . precursor

predecesor . . . . predecessor
procesador . . . . processor
procreador . . . . procreator
profesor . . . . **professor** *(significa "catedrático")*
propagador . . . . propagator
protector . . . . **protector**
proyector . . . . projector

radiador. . . . . radiator
raptor. . . . . raptor
reactor . . . . reactor
receptor . . . . receptor
rector . . . . rector
reflector . . . . reflector
refrigerador . . . . refrigerator
regulador . . . . regulator
rencor . . . . rancor
renovador. . . . . renovator
represor . . . . repressor
respirador . . . . respirator
resucitador . . . . resuscitator
rigor . . . . rigor
rotor . . . . rotor
rumor. . . . . rumor *(significa "chisme")*

salvador. . . . . savior
sector. . . . . sector
selector . . . . selector
semiconductor. . . . . semiconductor
senador . . . . **senator**
sensor . . . . sensor
separador. . . . . separator
simulador . . . . simulator
sucesor. . . . . successor
superior . . . . superior
supervisor. . . . . supervisor

supresor . . . . suppressor

tecnicolor . . . . technicolor

temblor. . . . . tremor

tenor . . . . tenor

terror . . . . **terror**

tractor . . . . tractor

traductor. . . . . translator

traidor . . . . traitor

transgresor . . . . transgressor

transistor . . . . transistor

tricolor . . . . tricolor

tumor. . . . . **tumor**

"Es un tumor benigno". . . . . . **"It's a benign tumor."**

tutor. . . . . tutor *(significa "instructor")*

ulterior . . . . ulterior

valor . . . . valor

vapor. . . . . **vapor**

vector. . . . . vector

vendedor . . . . vendor

ventilador. . . . . ventilator *(más común "fan")*

vibrador. . . . . vibrator

vigor . . . . vigor

violador . . . . violator *(más común "rapist")*

19A.

Match associated words and/or synonyms.
Una las palabras que están relacionadas o que son sinónimos.

1. motor	thanks
2. color	outside
3. favor	car
4. terror	book
5. author	patent
6. inventor	horror
7. exterior	green

19B.

Read the following story, and identify the cognates/ "true friends."
Lea el siguiente texto y subraye los cognados.

19C.

Listen to and read the story again, out loud, and answer the questions below in complete sentences.
Escuche y lea el cuento en voz alta. Responda las siguientes preguntas, usando oraciones completas.

As soon as they arrive in Tuscaloosa, the uncle tells them that there will be a party at his house that night. Debbie sees the terror on John's face right away. When they are alone John says, "What an error it was to come here! Do me a favor and tell me I don't have to go to that party!" Debbie doesn't even answer and John understands that he has to go. The "party" is very difficult for John, every two minutes the uncle says, "That man is a doctor, that one over there is a professor, the other one is an inventor." For a split-second John was interested when the uncle said, "The senator is arriving with a very famous actor." But the actor wasn't famous and the senator was very, very old.

1. What does Debbie see in John's face?

2. What does John say about the decision to go to Tuscaloosa?

3. What does John say about the party?

4. Is the actor famous?

5. Is the senator young?

Muchas de las palabras que terminan en "-orio" en español se corresponden con palabras que terminan en "-ory" en inglés.

Las palabras en inglés que terminan en "-ory" suelen ser sustantivos o adjetivos. Por ejemplo,

contradictory (adj.) = *contradictorio;*
a contradictory response = *una respuesta contradictoria*

laboratory (n.) = *el laboratorio*

Todas las palabras que aparecen **en letra negrilla** *en este capítulo están incluidas en la* **Grabación 39.**

ESPAÑOL . . . . . . INGLÉS

accesorio . . . . **accessory**
　"Ella compra un accesorio". . . **"She's buying an accessory."**
acusatorio . . . . accusatory
ambulatorio . . . . ambulatory
antiinflammatorio. . . . . anti-inflammatory

circulatorio . . . . circulatory
combinatorio . . . . combinatory
compensatorio . . . . compensatory
conservatorio . . . . conservatory
contradictorio . . . . **contradictory**
　"Es una respuesta contradictoria". . **"It's a contradictory response."**
crematorio . . . . crematory

depredatorio. . . . . predatory
difamatorio. . . . . defamatory
directorio . . . . directory

discriminatorio . . . . discriminatory
dormitorio. . . . . dormitory

ilusorio. . . . . illusory
inflamatorio . . . . inflammatory
insatisfactorio . . . . unsatisfactory
introductorio . . . . introductory

laboratorio . . . . **laboratory**
lavatorio. . . . . lavatory

migratorio . . . . migratory

obligatorio . . . . **obligatory**
observatorio . . . . observatory
oratorio . . . . oratory

perentorio. . . . . peremptory
preparatorio . . . . preparatory
promisorio . . . . promissory
promontorio . . . . promontory
provisorio. . . . . provisory *(también se usa para*
"provisional")
purgatorio . . . . **purgatory**
"Dante escribió del purgatorio". . . . **"Dante wrote about purgatory."**

reformatorio . . . . reformatory
repertorio. . . . . repertory
repositorio . . . . repository
respiratorio. . . . . respiratory

satisfactorio . . . . satisfactory
supositorio . . . . suppository

territorio. . . . . **territory**
transitorio. . . . . transitory

20A.

Match associated words and/or synonyms.

Una las palabras que están relacionadas o que son sinónimos.

1. accessory	zone
2. territory	earrings
3. dormitory	telescope
4. laboratory	insult
5. observatory	prologue
6. derogatory	experiment
7. introductory	bedroom

20B.

Read the following story, and identify the cognates/ "true friends."

Lea el siguiente texto y subraye los cognados.

20C.

Listen to and read the story again, out loud, and answer the questions below in complete sentences.

Escuche y lea el cuento en voz alta. Responda las siguientes preguntas, usando oraciones completas.

John is very happy when they finally leave for New Orleans, he says "I would have preferred a dormitory." Debbie admits that it was a strange place. John says, "What are you saying? It was the worst!" Debbie responds, "But you didn't have to come, it wasn't obligatory." John laughs at that contradictory comment but doesn't respond to it. John says, "So you owe me a favor, don't you?" Debbie responds, "We'll see..."

1. Where do they go after Alabama?

2. What would have John preferred?

3. What does John say about the party?

4. Is it correct that his presence wasn't obligatory?

5. Does John respond to Debbie's final, contradictory comment?

-oso/-ous

Muchas de las palabras que terminan en "-oso" en español se corresponden con palabras que terminan en "-ous" en inglés.

Las palabras en inglés que terminan en "-ous" suelen ser adjetivos. Por ejemplo,

"a <u>generous</u> person" = "*una persona <u>generosa</u>*"

*Todas las palabras que aparecen en **letra negrilla** en este capítulo están incluidas en la **Grabación 41**.*

ESPAÑOL . . . . . . INGLÉS

ambicioso . . . . **ambitious**
amoroso . . . . amorous
ansioso . . . . anxious
armonioso . . . . harmonious

calamitoso . . . . calamitous
calloso . . . . callous
canceroso . . . . cancerous
caprichoso . . . . capricious
cavernoso . . . . cavernous
celoso . . . . jealous
ceremonioso . . . . ceremonious
clamoroso . . . . clamorous
contagioso . . . . contagious
copioso . . . . copious
curioso . . . . **curious**

decoroso . . . . decorous
delicioso . . . . **delicious**
"La comida es deliciosa". . . . . **"The food is delicious."**

desastroso	**disastrous**
deseoso	desirous
desventajoso	disadvantageous
dudoso	dubious
envidioso	envious
escabroso	scabrous
escandaloso	scandalous
escrupuloso	scrupulous
espacioso	spacious
estudioso	studious
fabuloso	fabulous
famoso	famous
fastidioso	fastidious *(más común "annoying")*
fibroso	fibrous
furioso	**furious**
gaseoso	gaseous
gelatinoso	gelatinous
generoso	**generous**
"Ella es muy generosa"	**"She is very generous."**
glamoroso	glamorous
glorioso	glorious
gracioso	gracious *(significa "elegante")*
ignominioso	ignominious
impetuoso	impetuous
incestuoso	incestuous
indecoroso	indecorous
industrioso	industrious
ingenioso	ingenious
insidioso	insidious
jubiloso	joyous
juicioso	judicious

laborioso . . . . laborious
litigioso . . . . litigious
lujoso. . . . . luxurious
luminoso. . . . . luminous

malicioso . . . . malicious
maravilloso. . . . . marvelous
melodioso. . . . . melodious
meticuloso . . . . meticulous
milagroso. . . . . miraculous
misterioso. . . . . **mysterious**
monstruoso . . . . monstrous
mucoso . . . . mucous

nebuloso . . . . nebulous
nervioso. . . . . **nervous**
　　"¿Estás nervioso?". . . . . **"Are you nervous?"**
numeroso . . . . numerous

obsequioso. . . . . obsequious
odioso . . . . odious
oneroso . . . . onerous
ostentoso . . . . ostentatious

peligroso . . . . perilous
pernicioso . . . . pernicious
piadoso . . . . pious
pomposo . . . . pompous
populoso . . . . populous
poroso . . . . porous
portentoso . . . . portentous
precioso . . . . **precious**
prestigioso . . . . prestigious
presuntuoso . . . . presumptuous
pretencioso. . . . . pretentious

prodigioso . . . . prodigious

religioso . . . . **religious**
rencoroso . . . . rancorous
riguroso . . . . rigorous
ruinoso . . . . ruinous

semiprecioso . . . . semiprecious
sinuoso . . . . sinuous
sospechoso . . . . suspicious
suntuoso . . . . sumptuous
supersticioso . . . . superstitious

tedioso . . . . tedious
tempestuoso . . . . tempestuous
tortuoso . . . . **tortuous**
  "El viaje fue tortuoso" . . . . **"The trip was tortuous."**
tumultuoso . . . . tumultuous

vaporoso . . . . vaporous
ventajoso . . . . advantageous
vicioso . . . . vicious *(significa "cruel," "malo")*
victorioso . . . . victorious
vigoroso . . . . vigorous
virtuoso . . . . **virtuous**
viscoso . . . . viscous
voluminoso . . . . voluminous
voluptuoso . . . . voluptuous

21A.

Match associated words and/or synonyms.
Una las palabras que están relacionadas o que son sinónimos.

1. curious   mad
2. famous   wide
3. delicious   suspense
4. mysterious   flavorful
5. furious   inquisitive
6. precious   diamond
7. spacious   celebrity

21B.

Read the following story, and identify the cognates/ "true friends."
Lea el siguiente texto y subraye los cognados.

21C.

Listen to and read the story again, out loud, and answer the questions
below in complete sentences.
Escuche y lea el cuento en voz alta. Responda las siguientes preguntas,
usando oraciones completas

After the disastrous visit to Alabama, the two travelers are ready for a
great weekend in New Orleans. Debbie knows that this place is
famous for the delicious hoagies, but she doesn't know much else
about the city. John, too, is very excited about New Orleans. A friend
of his told him that there is a mysterious air there. At the University of
New Orleans, there is a famous program for foreign languages.

Debbie says that whoever studies abroad has to be very ambitious. They stay in a spacious and beautiful hotel and really like it there. Before leaving for El Paso, Debbie says, "I really like New Orleans, but it's not a mysterious place—maybe your friend is the strange one!"

1. What type of weekend do they want to have in New Orleans?

2. What is New Orleans famous for?

3. What did John's friend tell him about this city?

4. What is the famous program at the University of New Orleans?

5. How is their hotel?

Muchas de las palabras que terminan en "-sión" en español tienen la misma terminación en inglés.

Las palabras en inglés que terminan en "-sion" suelen ser sustantivos.
Por ejemplo,

an explosion = *una explosión*

Todas las palabras que
aparecen **en letra negrilla** *en*
este capítulo están incluidas
en la **Grabación 43**.

ESPAÑOL . . . . . . INGLÉS

adhesión . . . . adhesion
admisión . . . . admission
agresión. . . . . aggression
alusión . . . . allusion
aprehensión . . . . apprehension
ascensión . . . . ascension
aversión . . . . aversion

circuncisión. . . . . circumcision
cohesión. . . . . cohesion
colisión. . . . . **collision**
   "Hubo una colisión". . . . . **"There was a collision."**
colusión . . . . collusion
comisión. . . . . commission
compasión . . . . compassion
comprensión . . . . **comprehension**
compresión. . . . . compression
compulsión . . . . compulsion
concesión . . . . concession

conclusión. . . . . **conclusion**

confesión . . . . confession

confusión . . . . **confusion**

contusión . . . . contusion

conversión . . . . conversion

convulsión . . . . convulsion

corrosión . . . . corrosion

decisión . . . . **decision**

depresión. . . . . depression

descompresión . . . . decompression

desilusión. . . . . disillusion

difusión . . . . diffusion

digresión . . . . digression

dimensión. . . . . **dimension**

discusión . . . . discussion *(significa "conversación")*

disensión . . . . dissension

dispersión. . . . . dispersion

disuasión . . . . dissuasion

diversión . . . . diversion

división . . . . **division**

efusión. . . . . effusion

emisión . . . . emission

emulsión. . . . . emulsion

erosión. . . . . erosion

evasión . . . . evasion *(solamente para "impuestos")*

exclusión . . . . exclusion

excursión . . . . excursion

expansión. . . . . expansion

explosión . . . . **explosion**

expresión . . . . **expression**

   "¡Otra expresión idiomática!" ..**"Another idiomatic expression!"**

expulsión . . . . expulsion

extensión . . . . extension

extroversión . . . . extroversion

fisión . . . . fission

fusión. . . . . fusion   *(más común "merger")*

hipertensión . . . . hypertension

ilusión . . . . illusion
implosión . . . . implosion
imprecisión. . . . . imprecision
impresión . . . . **impression**
incisión . . . . incision
inclusión. . . . . inclusion
incomprensión. . . . . incomprehension
indecisión. . . . . indecision
infusión . . . . infusion
inmersión . . . . immersion
intercesión . . . . intercession
intermisión . . . . intermission *(también se usa para "entreacto")*
introversión. . . . . introversion
intrusión. . . . . intrusion
invasión . . . . invasion
inversión. . . . . inversion

lesión. . . . . lesion

mansión . . . . mansion
misión . . . . **mission**

obsesión. . . . . obsession
ocasión . . . . occasion
oclusión . . . . occlusion
omisión . . . . omission
opresión. . . . . oppression
pasión . . . . **passion**
    "Siento pasión por el ingles". . . **"I have a passion for English."**

pensión . . . . pension *(solamente para "retiro")*
percusión . . . . percussion
persuasión . . . . persuasion
perversión . . . . perversion
posesión. . . . . possession
precisión. . . . . **precision**
pretensión. . . . . pretension
previsión . . . . prevision
procesión . . . . procession
profesión . . . . **profession**
profusión . . . . profusion
progresión . . . . progression
propulsión . . . . propulsion
provisión . . . . provision

recesión . . . . recession
reclusión. . . . . reclusion
regresión . . . . regression
remisión . . . . remission
repercusión. . . . . repercussion
reprensión . . . . reprehension
represión . . . . repression
repulsión . . . . repulsion
reversión . . . . reversion
revisión . . . . revision
revulsión. . . . . revulsion *(significa "asco")*

secesión . . . . secession
sesión . . . . **session**
subdivisión . . . . subdivision
subversión . . . . subversion
sucesión . . . . succession
sumisión . . . . submission
supervisión . . . . supervision
supresión . . . . suppression
suspensión . . . . suspension

televisión . . . . **television**

"Miremos la televisión" . . . . . . **"Let's watch television."**

tensión . . . . **tension**

transfusión . . . . transfusion

transgresión . . . . transgression

transmisión . . . . transmission

versión . . . . version

visión . . . . **vision**

22A.

Match associated words and/or synonyms.

Una las palabras que están relacionadas o que son sinónimos.

1. confusion   chaos
2. mission   bomb
3. television   remote control
4. explosion   objective
5. passion   eyesight
6. precision   details
7. vision   love

22B.

Read the following story, and identify the cognates/ "true friends."

Lea el siguiente texto y subraye los cognados.

22C.

Listen to and read the story again, out loud, and answer the questions below in complete sentences.

Escuche y lea el cuento en voz alta. Responda las siguientes preguntas, usando oraciones completas.

As soon as they arrive in El Paso, Debbie declares, "We have a clear mission here in El Paso—you know that ceramics are a passion of mine, right? Therefore I need to find a ceramic plate for my collection." John says, "Okay, but maybe we can find it in the next city?" Debbie insists, "NO, my decision is final. I want a plate from El Paso." John has the impression that she is not joking around and he dedicates himself to the "plate hunt." After an amazing lunch in the plaza, they begin the hunt. There was some confusion with all of the little streets and alleys but in the end there is a happy conclusion—Debbie finds her plate.

1. What is Debbie's mission?

2. Why does she want this thing?

3. What does Debbie say about her decision?

4. What impression does John have of Debbie?

5. Why was there some confusion?

-sis/-sis

Muchas de las palabras que terminan en
"-sis" en español tienen la misma
terminación en inglés.

Las palabras en inglés que terminan en "-sis" suelen ser sustantivos. Por
ejemplo,

an analysis = *un análisis*

*Todas las palabras que
aparecen* **en letra negrilla** *en
este capítulo están incluidas
en la* **Grabación 45.**

ESPAÑOL . . . . . . INGLÉS

análisis. . . . . **analysis**
antítesis . . . . antithesis
autoanálisis . . . . self-analysis

biogénesis . . . . biogenesis

catálisis . . . . catalysis
catarsis . . . . catharsis
chasis . . . . chassis
cirrosis . . . . cirrhosis
crisis . . . . **crisis**

diagnosis . . . . diagnosis
diálisis . . . . **dialysis**

electrólisis. . . . . electrolysis
énfasis . . . . **emphasis**
    "Necesitas más énfasis". . . . . **"You need more emphasis."**
esclerosis . . . . sclerosis
escoliosis . . . . scoliosis

fibrosis	fibrosis
fotogénesis	photogenesis
fotosíntesis	photosynthesis
génesis	**genesis**
halitosis	halitosis
hidrólisis	hydrolysis
hipnosis	**hypnosis**
hipótesis	**hypothesis**

"¿Cúal es tu hipótesis?" . . . . . **"What is your hypothesis?"**

macroanálisis	macroanalysis
metamorfosis	**metamorphosis**
metástasis	metastasis
microanálisis	microanalysis
mononucleosis	mononucleosis
narcosis	narcosis
némesis	nemesis
neurosis	neurosis
oasis	oasis
ósmosis	osmosis
osteoporosis	osteoporosis
parálisis	paralysis
paréntesis	parenthesis
prognosis	prognosis
prótesis	prosthesis
psicoanálisis	psychoanalysis
psicosis	psychosis
psoriasis	psoriasis
sinopsis	synopsis
síntesis	synthesis

INGLÉS INSTANTÁNEO

tesis. . . . . **thesis**
   "¿Él escribió la tesis?" . . . . . . **"Did he write his thesis?"**
tuberculosis. . . . . tuberculosis

23A.

Match associated words and/or synonyms.
Una las palabras que están relacionadas o que son sinónimos.

1. crisis   dream
2. tuberculosis   sickness
3. emphasis   change
4. paralysis   difficulty
5. hypnosis   immobile
6. metamorphosis   accent
7. analysis   study

23B.

Read the following story, and identify the cognates/ "true friends."
Lea el siguiente texto y subraye los cognados.

23C.

Listen to and read the story again, out loud, and answer the questions below in complete sentences.
Escuche y lea el cuento en voz alta. Responda las siguientes preguntas, usando oraciones completas.

Final destination: Phoenix! John and Debbie already know Phoenix fairly well, so they don't put much emphasis on the tourist attractions. Instead they go see one of John's cousins that studies in Phoenix. His name is Carl and he studies Economics. He is writing his thesis on the financial crisis of the third world. John and Debbie eat dinner at Carl's and they listen while Carl speaks at great length about his analysis of the crisis. Carl says, "Unfortunately I don't have a hypothesis of my own on how to improve the situation, and without that ...I won't be able to finish!" Carl then asks John, "Can you help me?" John responds, "We'll see..."

1. Why don't they put much emphasis on the tourist attractions in Phoenix?

2. What is Carl writing his thesis about?

3. Does Carl talk a lot about his analysis?

4. Does Carl have a good hypothesis for his thesis?

5. What does Carl ask John?

RESPUESTAS/ ANSWER KEY

1A.

1. animal: cat
2. personal: private
3. artificial: synthetic
4. crucial: important
5. ideal: perfect
6. legal: contract
7. final: finish

1C.

1. John and Debbie are from New Jersey.
2. John wants to take an international trip.
3. Debbie wants to take a domestic trip.
4. John says that Debbie's idea is not original.
5. According to John, Debbie's uncle is too formal and traditional.

2A.

1. fragrance: perfume
2. distance: far
3. perseverance: dedication
4. tolerance: patience
5. arrogance: conceited
6. ambulance : hospital
7. importance: significance

2C.

1. John speaks about the importance of not spending too much money.
2. John doesn't have much tolerance for the "chic world."
3. Perseverance will be necessary on the trip.
4. Yes, Debbie understands the importance of not spending too much money.
5. John responds, "We'll see..."

3A.

1. ignorant: unaware
2. elegant: fancy
3. important: essential
4. elephant: animal
5. arrogant: pretentious
6. flagrant: evident
7. restaurant: cafeteria

3C.

1. John and Debbie go to New York.
2. Debbie thinks that New Yorkers are arrogant.
3. John says that the way New Yorkers dress is very elegant.
4. John describes the history of New York as being very important.
5. The name of Andrew's restaurant is called 'The Red Elephant."

4A.

1. cardiovascular: heart
2. regular: normal
3. singular: unique
4. circular: round
5. similar: resemblance
6. dollar: money
7. nuclear: atomic

4C.

1. While in New York, John and Debbie go to a Spanish language seminar.
2. Andrew studies Spanish because Spanish is very popular in Providence, and he wants to work in Providence.
3. The professor talks about many irregular verbs.
4. After class, the three friends talk about the difference between the singular and plural in Spanish.
5. No, Debbie thinks that Spanish is very irregular.

5A.

1. anniversary: annual
2. salary: money
3. necessary: essential
4. vocabulary: words
5. itinerary: path
6. ordinary: common
7. contrary: opposite
8.

5C.

1. John and Debbie's itinerary in New York is very intense.
2. Debbie wants to buy a diary.
3. Debbie writes every little detail in her diary.
4. John says that their pace is extraordinary.
5. According to John, it's not necessary to write every detail.

6A.

1. flexible: elastic
2. terrible: horrible
3. probable: possible
4. stable: consistent
5. inflexible: stiff
6. miserable: unhappy
7. adorable: cute

6C.

1. After New York they go to Newport.
2. Debbie thinks that John is irresponsible.
3. John says that Debbie is inflexible.
4. Debbie thinks that it is (very) improbable that they will return to Boston.
5. Debbie asks if it will be possible to buy tickets for the dance in Boston.

7A.

1. information: news
2. direction: straight ahead
3. station: train
4. nation: country
5. emotion: feeling
6. solution: result
7. celebration: party

7C.

1. They see the sign for the big celebration in the Newport station.
2. The party will be very big.
3. This event is important for John because it is the perfect situation to get to know Newport and its food.
4. Debbie's reaction is more subdued.
5. At the end of the party John is much more sober.

8A.

1. correct: right
2. perfect: ideal
3. incorrect: wrong
4. dialect: language
5. contract: document
6. aspect: part
7. insect: fly

8C.

1. The second city they visit is Newport.
2. They wait for a few minutes at the station.
3. Debbie asks John what else they plan on doing.
4. The name of John's contact in Newport is Alfie.
5. The dinner at Alfie's was perfect.

9A.

1. quality: excellence
2. creativity: art
3. personality: character
4. university: professor
5. quantity: abundance
6. electricity: light
7. eternity: infinite

9C.

1. Debbie says that Boston is a city with a lot of creativity and activity.
2. John likes the personality of the city.
3. No, they don't have any difficulty getting around in Boston.
4. Debbie thought she saw a celebrity.
5. Debbie says, "Yes, there are many possibilities for us here...we'll see."

10A.

1. patience: wait
2. conference: meeting
3. residence: home
4. difference: uneven
5. violence: war
6. evidence: fingerprints
7. independence: freedom

10C.

1. Alfie says that he and his girlfriend are going to the dance tomorrow night.
2. According to Debbie, persistence is what helped her.
3. John thinks that the dance will be a good experience.
4. In the end, John is indifferent about the dance.
5. John apologizes for his impatience.

11A.

1. permanent: set
2. recent: new
3. different: distinct
4. president: boss
5. evident: obvious
6. resident: inhabitant
7. present: current

11C.

1. Debbie receives an urgent message.
2. Danny is the president of a medical company.
3. Debbie says that her cousin is different.
4. According to Debbie, Danny is very intelligent.
5. At the end, John wants to know why Danny is so 'different.'

12A.

1. biology: life
2. radiology: X rays
3. technology: computer
4. trilogy: three
5. strategy: plan
6. chronology: history
7. geology: rocks

12C.

1. Danny has a lot of energy.

2. John and Debbie are not allergic to coffee.

3. Danny talks about new technology.

4. John never studied radiology.

5. Debbie never studied psychology.

13A.

1. pragmatic: practical

2. traffic: cars

3. authentic: true

4. specific: details

5. electronic: stereo

6. classic: timeless

7. romantic: love

13C.

1. There is a lot of traffic.

2. Debbie says that the train is better because it is not romantic to spend a vacation in a car.

3. They go to a few art museums.

4. Atlanta is an alive city.

5. Atlanta is a fantastic city.

14A.

1. rapid: speed

2. timid: shy

3. stupid: idiot

4. acid: lemon

5. frigid: ice cream

6. arid: dry

7. splendid: marvelous

14C.

1. Debbie says that it is a stupid plan.

2. John thinks that his idea is splendid.

3. During the trip it is quite humid.

4. Debbie buys some antacid for John when he gets sick.

5. The pharmacist says that he must drink plenty of liquids and not eat any food with acid.

15A.

1. tourism: vacation

2. communism: Karl Marx

3. patriotism: nation

4. athletism: Olympics

5. terrorism: bomb

6. optimism: positive

7. criticism: commentary

15C. .

1. Yes, there is a lot of tourism in Miami.

2. There is a lot of Cuban (Hispanic) history in Miami.

3. Debbie also reads about the influence of communism and socialism in Cuba.

4. They talk about Cuban history.

5. In the end, John says, "Lets go get some ice cream!"

16A.

1. artist: singer

2. dentist: tooth

3. tourist: passport

4. pessimist: negative

5. idealist: positive

6. finalist: champion

7. capitalist: money

16C.

1. Their new (male) friend is a dentist.
2. Yes, their new friends travel often.
3. Debbie has a list of questions.
4. The dentist is a pessimist and a realist.
5. The artist is an optimist and an idealist.

17A.

1. creative: imaginative
2. consecutive: following
3. negative: pessimist
4. positive: optimist
5. competitive: winner
6. productive: efficient
7. motive: cause

17C.

1. John had heard some negative things about Key Largo.
2. John sees that Key Largo is a creative and productive city.
3. Debbie has a positive impression of Key Largo.
4. Apalachicola is barely active but very welcoming.
5. They spend two days there.

18A.

1. instrument : guitar
2. apartament   : rent
3. moment : instant
4. document : paper
5. treatment : medicine
6. segment : part
7. monument : heroes

18C.

1. On their way North, John and Debbie talk about whether they should go to Tuscaloosa, Alabama or not.
2. Debbie's uncle lives in Tuscaloosa.
3. Her uncle is a professor.
4. John does not want to go to Alabama because Debbie's uncle is very formal and never gives a compliment.
5. Yes, in the end they decide to go to Tuscaloosa.

19A.

1. motor: car
2. color: green
3. favor: thanks
4. terror: horror
5. author: book
6. inventor: patent
7. exterior: outside

19C.

1. Debbie sees the terror on John's face.
2. John says, "What an error it was to come here!"
3. John says, "Do me a favor and tell me I don't have to go to that party!"
4. No, the actor is not famous.
5. No, the senator is very, very old.

20A.

1. accessory: earrings
2. territory: zone
3. dormitory: bedroom
4. laboratory: experiment
5. observatory: telescope
6. derogatory: insult
7. introductory: prologue

20C.

1. After Alabama, they go to New Orleans.
2. John would have preferred a dormitory.
3. John says that the party was the worst.
4. No, it is not correct that his presence wasn't obligatory.
5. No, John does not respond to Debbie's final, contradictory comment.

21A.

1. curious: inquisitive
2. famous: celebrity
3. delicious: flavorful
4. mysterious: suspense
5. furious: mad
6. precious: diamond
7. spacious: wide

21C.

1. They want to have a great weekend in New Orleans.
2. New Orleans is famous for the delicious hoagies.
3. John's friend told him that there is a mysterious air there.
4. At the University of New Orleans, there is a famous program for foreign languages.
5. Their hotel is spacious and beautiful.

22A.

1. confusion: chaos
2. mission: objective
3. television: remote control
4. explosion: bomb
5. passion: love
6. precision: details
7. vision: eyesight

22C.

1. Debbie's mission is to find a ceramic plate.
2. She wants the plate for her collection.
3. Debbie says that her decision is final.
4. John has the impression that Debbie is not joking around.
5. There was some confusion with all the little streets and alleys.

23A.

1. crisis: difficulty
2. tuberculosis: sickness
3. emphasis: accent
4. paralysis: immobile
5. hypnosis: dream
6. metamorphosis: change
7. analysis: study

23C.

1. They don't put much emphasis on the tourist attractions because they already know Phoenix very well.
2. Carl is writing his thesis on the financial crisis of the third world.
3. Yes, Carl speaks at great length about his analysis of the crisis.
4. No, Carl does not have a good hypothesis for his thesis.
5. Carl asks John, "Can you help me?"

LISTA DE GRABACIONES
(AUDIO TRACK LIST)

Archivos de audio disponibles para descargar en:
www.hippocrenebooks.com/ingles-instantaneo-instant-english.html

1. Capítulo 1   -al . . . . . . -al
2. Exercise 1C

3. Capítulo 2   -ancia . . . . -ance
4. Exercise 2C

5. Capítulo 3   -ante . . . . . -ant
6. Exercise 3C

7. Capítulo 4   -ar . . . . . . -ar
8. Exercise 4C

9. Capítulo 5   -ario . . . . . -ary
10. Exercise 5C

11. Capítulo 6   -ble . . . . . . -ble
12. Exercise 6C

13. Capítulo 7   -ción . . . . . -tion
14. Exercise 7C

15. Capítulo 8   -cto . . . . . . -ct
16. Exercise 8C

17. Capítulo 9   -dad . . . . . -ty
18. Exercise 9C

19. Capítulo 10   -encia . . . . -ence
20. Exercise 10C

21. Capítulo 11   -ente . . . . . -ent
22. Exercise 11C